O GRAAL E A ROSACRUZ

O GRAAL E A ROSACRUZ

Série Cristal 9

LECTORIUM ROSICRUCIANUM

Copyright © 2002 Rozekruis Pers, Haarlem, Holanda

Título original
De Graal en het Rozenkruis

2008
IMPRESSO NO BRASIL

LECTORIUM ROSICRUCIANUM
ESCOLA INTERNACIONAL DA ROSACRUZ ÁUREA

Sede Internacional
Bakenessergracht 11-15, Haarlem, Holanda
www.rozenkruis.nl

Sede no Brasil
Rua Sebastião Carneiro, 215, São Paulo, SP
www.rosacruzaurea.org.br

Sede em Portugal
Travessa das Pedras Negras, 1, 1.º, Lisboa, Portugal
www.rosacruzlectorium.org

Dados Internacionais de Catalogação na Publicação (CIP)
(Câmara Brasileira do Livro, SP, Brasil)

O Graal e a Rosacruz
[tradução: Equipe de tradutores do Lectorium
Rosicrucianum].
– Jarinu, SP : Lectorium Rosicrucianum, 2008. –
(Série Cristal ; 9)

ISBN 978-85-88950-49-8

1. Cristianismo 2. Graal 3. Graal – Interpretações
rosacrucianistas 4. Rosacrucianismo I. Série.

08-06935	CDD-135.43

Índices para catálogo sistemático:

1. Graal : Interpretação rosacruz : Esoterismo   135.43

Todos os direitos desta edição reservados ao
LECTORIUM ROSICRUCIANUM
Caixa Postal 39 — 13.240-000 — Jarinu — SP — Brasil
Tel. (11) 3061.0904 — (11) 4016.1817 — FAX (11) 4016.5638
www.lectoriumrosicrucianum.org.br
info@editoralrc.com.br

Sumário

Introdução: Em busca do Santo Graal?	*9*
1	
O mistério do Santo Graal	*13*
2	
O "Livro dos reis" da Pérsia antiga	*19*
3	
A viagem do Oriente ao Ocidente	*31*
4	
Origem e significado das lendas do Graal	*37*
5	
O Graal celta e a saga de Artur	*47*
6	
Parsifal — o caminho do buscador	*55*
7	
Os cátaros no caminho do Santo Graal	*67*
8	
Kitezh, símbolo de um cosmo inviolado	*79*
9	
O caminho hermético de iniciação do Graal	*91*

10
INÚMEROS SÃO OS QUE
PROCURAM O GRAAL NO MUNDO *101*

11
PRESENÇA DO GRAAL EM CADA UM *107*

O que é a verdade?

Vede este cristal: assim como uma só luz se revela por doze faces, sim, em quatro vezes doze, e cada face, por sua vez, reflete um raio da luz, uns percebem uma face, outros vêem outra, porém o cristal é um só e também uma só a luz que ele irradia em todas.

(Extraído de *O evangelho dos doze santos*)

Introdução: Em busca do Santo Graal?

Atualmente, numerosos grupos espiritualistas utilizam o símbolo do Graal. Tanto isso é verdade que não seria temerário afirmar que o Graal é hoje tão conhecido e desejado como na Idade Média. Esse símbolo universal da busca pela verdade eterna nos transmite uma mensagem atemporal que é trazida de tempos a tempos à humanidade.

Na Idade Média, as lendas eram o veículo utilizado para divulgar essa verdade com a qual todo o ser humano é confrontado quando alcança os limites de suas próprias possibilidades. Desde então, o ser humano tanto individual como coletivamente trilhou caminhos diversos: ora para o alto, ascendendo rumo ao Espírito, ora para baixo, sendo absorvido pela matéria.

É fato que cada período na história coloca à disposição da humanidade novas oportunidades, ao mesmo tempo que estabelece limites bem definidos às coisas do passado. Isso porque não faria o mínimo sentido investigar no passado verdades que são eternas e imutáveis, muito embora elas possam parecer diferentes a cada segundo.

Assim, o homem é sempre de novo convidado a tomar parte nesse processo de renovação como participante consciente na Criação. Portanto, o Graal atual não é o mesmo que existiu séculos atrás. E no futuro, não será o mesmo que é hoje, porém sua essência não muda, nem sua vocação de auxiliar o buscador a progredir em seu caminho de vida.

Cada uma das lendas do Graal é mais bela e simbolicamente mais pura do que a outra, porém elas não levarão o buscador mais além, se sua mensagem interior não for compreendida de seu imo e se ele não tentar realizá-las em sua própria vida.

Por essa razão, este livro não é apenas um relato histórico, mas um testemunho do caminho trilhado, de forma consciente e séria, rumo à realização do Santo Graal na atualidade. Como um vaso de mistura vivo, ele pode abarcar o amor divino e transformá-lo em uma força que ilumina e indica aos outros a senda para a Vida.

Portanto, os autores que contribuíram para a realização deste livro não privilegiaram o rico passado, porém o glorioso futuro que surgirá para a humanidade, especialmente nesta era.

Os textos são o reflexo do simpósio sobre o Graal ocorrido na Escola Internacional da Rosacruz

Introdução: Em busca do Santo Graal?

Áurea, no Centro de Conferências Christianopolis, em Birnbach, Alemanha, em 24 de maio de 2001, e no Centro de Conferências Renova, em Bilthoven, Holanda, em 30 de novembro de 2002.

I

O MISTÉRIO DO SANTO GRAAL

Chegou o tempo de remover dos mistérios do Santo Graal os véus da ilusão esotérica dos séculos passados e gravar sua realidade no sangue do coração da humanidade moderna. Os contos de fadas, mitos e lendas originais, bem como as várias roupagens de que eles foram revestidos através de intermináveis longos tempos, eram instrumentos para ligar a humanidade à sabedoria primordial mediante valores morais. Algumas dessas misteriosas histórias do Graal foram incluídas neste livro para dar ao leitor uma idéia a esse respeito. Quem penetra seu significado mais cedo ou mais tarde conhece a essência do Graal.

A linguagem velada, até certo ponto, deixou de sê-lo para a nova era. Isso também se aplica aos mistérios, lendas e mitos sobre o Santo Graal. Embora o senhor deste mundo tenha mudado sua aparência e esteja propagando a semente para a próxima catástrofe sob a capa de liberdade de consciência e direitos humanos, também agora incontáveis pessoas sofrem devido à decepção. E também agora, do mesmo modo que nos tempos antigos, quem tem a alma carregada de sofrimentos e manifesta no coração o fantasma da dúvida é confortado pela incrível mensagem de seus irmãos: "Jesus vive! Vai encontrá-lo!" Isso revivifica sua alma assustada... e dá coragem... e poder. Uma alegria celestial ilumina seu semblante marcado pelo sofrimento. E ele sorri com alegria quando pensa em Parsifal, e em Lohengrin, e no sagrado Montsalvat, cuja chave recebe.

De cabeça erguida, ele passa pelos preciosos portais do Sagrado Mistério e está consciente de que, como Merlim, o mago, é um filho de Deus e um filho do homem. E começa a compreender o segredo do renascimento estrutural como sacrifício do ser dialético inteiro à manifestação Jesus no campo microcósmico de vida, a fim de que nasça o novo homem! É por isso que não nos cansaremos examinando as meticulosas expressões da misteriosa linguagem do passado, pois nossa época demanda e requer desmascaramento, afirmação e uma apresentação de argumentos clara e concreta.

O Santo Graal é o cálice no qual Jesus mergulhou o pão quando Judas tencionava traí-lo. Por isso, mais tarde, como símbolo do Salvador, ele possuiu o poder de distinguir os puros dos impuros. José de Arimatéia recolheu o sangue do Crucificado nesse mesmo cálice, mantendo-os sob sua proteção. Seus sucessores, então, trouxeram esse cálice para o Ocidente, onde permanece até hoje.

1 · O mistério do Santo Graal

Essa idéia fundamental do mito do Graal está completamente salvaguardada no evangelho. Todos os quatro evangelhos mencionam enfaticamente que, após Jesus ter morrido no monte Gólgota (Mt 27:57–61), "... chegou um homem rico, de Arimatéia, por nome José, que também era discípulo de Jesus. Este foi ter com Pilatos, e pediu-lhe o corpo de Jesus. Então Pilatos mandou que o corpo lhe fosse dado. E José, tomando o corpo, envolveu-o num fino e limpo lençol, e o pôs no seu sepulcro novo, que havia aberto em rocha, e, rodando uma grande pedra para a porta do sepulcro, retirou-se. E estavam ali Maria Madalena e a outra Maria, assentadas defronte do sepulcro".

Maria Madalena e Maria, mãe de Jesus, estavam lá. Elas prepararam especiarias e ungüentos e descansaram. Ao findar o sábado e iniciar o primeiro dia da semana, Maria Madalena e a outra Maria foram novamente ao jardim de Arimatéia e testemunharam o milagre da ressurreição.

Para o buscador da verdade, essa linguagem sagrada, ao contrário do mito, não deveria conter nenhum significado oculto ou símbolo velado, porém uma mensagem positiva plenamente possível de ser compreendida.

Para os que podem ler, essa é a afirmação direta de que o processo de salvação em Jesus Cristo para o mundo e a humanidade atingiu sua fase mais importante com o auxílio de um campo de força — uma Escola Espiritual — preparado para essa finalidade. José de Arimatéia simboliza o mesmo que Melquisedeque no Antigo Testamento. Esse nome significa literalmente "o hierofante da Montanha Sagrada, que irradia e vive na luz do Espírito Santo". Ele é o rei-sacerdote do Montsalvat, a montanha de poderes redentores. Esse rei-sacerdote do Novo Testamento está ligado a Jesus Cristo. Assim como Jesus Cristo é citado como sumo sacerdote da ordem de Melquisedeque, podemos também chamá-lo sumo sacerdote de Arimatéia, da Montanha Sagrada.

Dessa montanha Jesus, o Senhor, desceu para seu sacrifício mais importante. E então, após ter oferecido sua vida para o mundo e a humanidade, ele se retirou para o jardim de Arimatéia, num novo sepulcro, com a ajuda de seus irmãos. Em outras palavras, lidamos aqui com um esforço totalmente novo de tocar a realidade dialética.

As duas Marias estavam presentes durante esse sepultamento, Maria Madalena e Maria, a mãe. Maria Madalena é o ser humano que retorna à natureza e desce da abóbada da torre a fim de abrir caminho dos alicerces da torre, de baixo para cima. Portanto, Maria é o buscador, como Parsifal, o tolo. Em segundo lugar vemos Maria, a mãe, o ser humano que a linguagem sagrada descreve como aquela que engendra Deus de si mesma e o Espírito Santo, Merlim, o mago, nascido de Deus e do homem, o novo ser humano no campo de vida microcósmico.

Essas duas Marias preparam seus ungüentos e especiarias. Em outras palavras, elas consagram o sacrifício de Cristo e o salvaguardam em si mesmas. Elas vêem como a ressurreta flama da luz eterna se eleva do sepulcro no jardim de Arimatéia e se torna amplamente ativa como o poder do céu e da terra que tudo governa, forjando uma ligação entre o reino dos céus e a ordem dialética mundial.

Agora é possível imaginar por que o mito do Graal menciona que José de Arimatéia guardou o sangue do Crucificado. Afinal, o mestre Jesus é o hierofante de Arimatéia, sumo sacerdote da Hierarquia Universal, a qual se manifesta naquela que chamamos Escola Espiritual. O sangue do Santo Graal é o poder da Escola Espiritual. É por isso que também é dito que hierofantes de Arimatéia levam o Graal para o Ocidente. Portanto, quem quer receber o misterioso sangue do Graal deverá ser preparado, como Maria Madalena, para irromper das trevas e encontrar a luz.

Do novo sepulcro, irrompendo da dura pedra no jardim de Arimatéia, a deslumbrante luz do sacrifício de Cristo ainda irradia. Isso significa que o poder do Reino Imutável ainda está sendo trazido a este mundo infernal como força atmosférica, e que o Graal ainda está presente entre nós. Essa força cósmica, que está presente em nosso mundo, mas não se origina desta natureza, tem duas esferas de atividade, uma delas mais geral e outra muito restrita. E essas duas elevadas correntes espirituais determinam o desenvolvimento e os aspectos de tudo o que deveríamos considerar como a revolução mundial tríplice que se aproxima. Com essa finalidade, a Escola Espiritual da Rosacruz Áurea possui sete pontos focais na matéria e sete pontos focais no reino invisível. Com sua ajuda, o poder de Cristo toca os sete aspectos do mundo dialético e os sete aspectos da humanidade dialética.

E assim, guiado pela lei divina, o mundo corre para uma crise. A mensagem ressoa: "Aí vem o esposo, saí-lhe ao encontro!" Cabe a cada ser humano decidir se vai celebrar esse encontro com lâmpada acesa ou apagada. Cada um encontrará o Graal ou de modo regenerativo, como Maria, ou de modo degenerativo, como Judas, o clássico traidor do Sagrado Mistério. Permita Deus que o buscador da única verdade possa encontrar e ascender à torre de Magdala, com os ungüentos e especiarias necessárias ao processo de renascimento, de modo que lhe seja permitido ir ao encontro da luz nascente.

J. van Rijckenborgh

2

O "Livro dos reis" da Pérsia antiga

O Irã, a antiga Pérsia, é, junto com os países árabes, há séculos, um importante centro do mundo islâmico. No Ocidente, esquecemos com freqüência que os diferentes países islâmicos têm raízes e tradições muito distintas. Em nossos dias, o que se conhece sobre a mitologia da Pérsia é muito anterior ao estabelecimento do islã.

Uma pesquisa apurada mostra que, no espaço e tempo, as tentativas que visam tornar os homens conscientes de seu verdadeiro destino são universais. Encontramos testemunhos em palavras, escritos e símbolos na terra inteira, como um fio de ouro que liga os buscadores de todas as raças, em todos os séculos.

Após o islã ter se tornado religião de Estado no Irã, correntes e movimentos continuaram tentando fazer reviver a antiga herança espiritual da Pérsia. Eles procuraram a essência daquilo que se conservou e adaptaram-na ao espírito do tempo. Assim, o fio de ouro foi novamente restabelecido, e seu devido valor reiterado por toda parte onde isso isso foi possível.

No século XII, o sábio persa Shihab ad-Din Yahya al-Sohravardi (1154–1191) religou o ensinamento de Zoroastro e as tradições do antigo Irã com a sabedoria hermética e o neoplatonismo grego. Ele hauriu dessas fontes para atualizar sua mensagem, pois essas duas correntes de sabedoria eram muito conhecidas e apreciadas em sua época. Em um de seus relatos ele faz reviver, de certa forma, a imagem do Graal, uma clara e poderosa imagem que difunde a profunda verdade do ensinamento espiritual libertador. As fontes de seus dizeres sobre a ação do Graal estão ocultas na pré-história da Pérsia.

Todos os iranianos conhecem e veneram o *Livro dos reis,* o *Shahnameh,* que foi composto no ano 1000 d.C. pelo grande poeta Ferdusi e compreende 50.000 versos. No Irã, ele é tão considerado quanto a *Odisséia,* de Homero, ou *A divina comédia,* de Dante, o são no Ocidente. O *Livro dos reis* é uma gigantesca epopéia sobre tempos extremamente antigos, quando os sábios príncipes governaram seu povo de forma justa e levaram sua civilização a um imenso desenvolvimento.

Conta-se de Jamshid, o mais importante rei, o quarto desse período, que seu trono flutuava no ar e que ele possuía uma taça mágica com sete círculos. Na mitologia da Pérsia, essa taça é conhecida como a Taça de Jamshid. Mais tarde, ela foi denominada "a taça que reflete o universo". Entretanto, Jamshid, satisfeito demais com suas obras, caiu sob o domínio do mal. "Na terra, eu apenas conheço a mim mesmo: o trono real jamais viu um homem tão famoso como eu." Ele perdeu a razão e foi destronado por um jovem que estava sob as ordens do mal. Esse acontecimento marcou o começo da luta sempre atual entre o bem e o mal, simbolizada pelo combate entre Irã e Turã.

O rei Jamshid não é uma invenção de Ferdusi. Suas descrições do passado iraniano e dos dezessete primeiros reis têm por fundamento a obra do grande sábio Zoroastro (cerca de 628–551 a.C.), que propagou, na Pérsia, o ensinamento monoteísta de Ahura Mazda e de seu adversário Ahriman. Jamshid é o antigo rei Yima das tradições zoroástricas, que remontam à pré-história da Índia.

O reinado de Yima é conhecido como a Idade de Ouro, quando não havia nem doença nem morte. Ele era um príncipe justo e sábio, chamado de Bom Pastor. O número de imortais cresceu tão depressa sob sua direção que ele decidiu ampliar a Terra três vezes.

Contudo, o demônio Mahrkuscha enviou um terrível maremoto seguido de verões tórridos que provocaram tamanha seca que somente Ahura Mazda pôde impedir a exterminação dos seres humanos. Ele mandou Yima cavar uma morada subterrânea, onde todos os homens e todos os animais encontrariam um abrigo e onde haveria fartura de água, árvores, flores e frutos.

Diz-se que foi o orgulho de Yima que provocou essa catástrofe, porque se desviara de seu Criador e se envolvera em mentiras. Então, a Idade de Ouro terminou, e Yima tornou-se um ser mortal. Quando ele falou suas inverdades, a *Luz da Glória* (*Xvarnah*) se retirou. Segundo os iranianos, todos os reis legítimos possuíam essa luz. Zoroastro disse: "Ela ilumina cada céu que, do alto, resplandece de luz e se estende acima e ao redor desta Terra, assim como um jardim criado no mundo espiritual irradia sua luz sobre as três partes da Terra".

Esses mitos dos tempos primitivos representam uma fase do desenvolvimento da humanidade quando os reis sacerdotes ainda existiam. Nessa época, a humanidade era guiada por esses reis que possuíam a Taça de Jamshid ou a *Luz da Glória*. Eles estavam ligados ao Espírito de Deus e tinham por tarefa proteger seu povo graças a uma sociedade justa e ordenada, a fim de que ele pudesse desenvolver-se. Não são apenas os mitos persas que falam desse sacerdócio-real, mas também os mitos do Egito antigo.

Voltemos ao *Livro dos reis,* o *Shahnameh*. Nos contos e lendas da luta entre Irã e Turã aparece um homem que tem importante papel na busca do Graal. Seu nome é Kay Khosraw, o oitavo e último rei da dinastia dos kayanidas. Sua vida mostra muita semelhança com a dos cavaleiros das lendas do Graal conhecidas no Ocidente.

Seu avô, o rei do Irã, não sabia o que fazia quando atacou o reino dos demônios. Seus adversários o aprisionaram e vazaram-lhe os olhos. Graças ao herói Rustam, que afrontou sete perigos, o rei voltou finalmente ao trono do Irã. Seu filho retomou a luta contra Turã, mas, forçado pelas circunstâncias, entendeu-se com o inimigo, o rei de Turã, e esposou sua filha, Farangis. Pouco depois, ele perdeu a vida devido à traição. Farangis já estava grávida e, após a morte do esposo, deu à luz um filho, chamado Kay Khosraw.

As relações entre Irã e Turã mostram que, no tempo de Kay Khosraw — nos primeiros tempos da história do Irã — os reinos do Bem e do Mal já estavam ligados e entrelaçados. O novo príncipe Kay Khosraw é o protótipo dessa dualidade. Seus avós foram, respectivamente, os reis de Irã e Turã.

Como nas lendas ocidentais sobre o Graal, fica claro que os guardiões da taça mágica têm-se mostrado fracos. É preciso um ato enérgico para fazer que a taça de sete círculos de Jamshid, onde o universo se reflete, volte à terra para libertar a humanidade.

A juventude de Kay Khosraw é parecida com a de Parsifal. O pai de cada um deles é assassinado traiçoeiramente. Os dois são filhos de princesas e crescem ao lado da mãe na solidão de uma floresta. Quando jovens, eles sentem atração pela cavalaria. Quando Kay Khosraw encontra-se diante do rei de Turã pela primeira vez, ele passa por tolo e não fala de suas origens. Parsifal também se conduz como um simplório, um pateta que nem mesmo sabe o próprio nome.

Kay Khosraw chega finalmente ao Irã, ao lado do avô, que o faz imediatamente rei. Ele jura vingar o assassinato do pai e não ter descanso antes de ter vencido o malvado rei de Turã.

Kay Khosraw, como Parsifal, tem como objetivo restabelecer a justiça divina original. É então que o Graal aparece outra vez: um jovem iraniano é feito prisioneiro em Turã. Para salvá-lo, no dia do Ano Novo na Pérsia, Kay Khosraw coloca uma vestimenta especial e cinge a coroa dos kayanidas; depois, pega a taça mágica com sete círculos onde o universo se reflete e tenta descobrir o jovem num dos sete mundos.

Logo acontece a luta decisiva entre Irã e Turã. Kay Khosraw vence o rei de Turã, que foge em seu cintilante palácio de Gangbehest. Após um longo cerco, Kay Khosraw vence seu adversário. Começa, então, um período iluminado de sessenta anos no Irã.

No final de sua vida terrestre, Kay Khosraw, em compainha de oito cavaleiros, escala uma alta montanha. Quando ele os adverte da chegada iminente de uma tempestade de neve e aconselha que retornem, três cavaleiros acatam seu conselho, mas cinco deles continuam a acompanhá-lo até o momento em que chegam a uma fonte. Lá, o rei se despede de seus cavaleiros, banha-se na Água da Vida e desaparece. Os cavaleiros procuram-no ainda durante muito tempo e acabam se perdendo na tempestade de neve.

A lenda persa da taça com sete círculos que reflete o universo se parece muito com as lendas do Graal. Essa taça está ligada à luz original que está além do alcance da consciência comum, que, aliás, é vigiada e combatida pelas trevas. No mesmo contexto, a tradição de Zoroastro fala sobre a *Luz da Glória* (*Xvarnah*), que envolve a Terra e confere realeza aos príncipes do Irã. Um hino zoroastriano relata como a Luz da Glória é transmitida, em seguida, a oito reis. O último rei tem por nome Kavi Husravah, nome zoroastriano de Kay Khosraw. Portanto, com Zoroastro igualmente aparecem os oito reis portadores de luz da dinastia dos kayanidas. O número oito — oito reis e oito cavaleiros que acompanham Kay Khosraw — faz pensar na tradição ocidental segundo a qual oito descendentes de José de Arimatéia conservaram a taça na qual ele recolheu o sangue de Cristo.

Após esses exemplos de lendas relativas ao Graal na antiga Pérsia, uma questão apaixonante se impõe: para onde foi tal herança? Onde podemos retomar o fio de ouro? Afinal, cada civilização tem sua própria língua e características, de modo que os homens de cada época têm outras tarefas e possibilidades para alcançar a meta, seguindo um processo de mudança interior. É interessante notar que as lendas do Graal reaparecem no século XII, não somente no Ocidente, mas também na Pérsia.

No mundo árabo-persa, Sohravardi retoma os temas do Graal sob o ângulo do zoroastrismo, das tradições da antiga Pérsia, do hermetismo e dos elementos helenísticos. Para ele, importa menos uma filosofia ou uma teologia do que as experiências concretas do buscador da verdade. Este último, após muitas provas, pode dar uma vista d'olhos na taça com sete círculos e, assim, ligar-se a um novo e superior campo de vida. É por isso que ele não fala dos sacerdotes-reis que intervieram como substitutos do Criador, mas de uma substituição do ser interior em cada pessoa.

Na Pérsia de Sohravardi existiam numerosos símbolos que se referiam ao País da Luz do Espírito divino, uma rica herança provinda do tempo de Zoroastro. Mas a idéia do Reino de Luz amplamente difundida por Mani exercia ainda grande influência. Mais tarde, Mani foi considerado e tratado pelo islã como herético; entretanto, fragmentos de seu ensinamento foram conservados em textos posteriores sobre a mística e o gnosticismo persas. Em seus hinos e salmos, Mani descreveu o País da Luz de Deus, pelo qual o ser humano mutável e cego deve aspirar. Esses textos de Mani provêm das tradições da antiga sabedoria persa; contudo, ele denominava a si mesmo apóstolo de Jesus Cristo segundo a vontade de Deus.

"O Espírito da verdade veio e nos desatou da ilusão do mundo. Ele nos entregou um espelho. Contemplando-o, vemos o universo. Ele nos mostra que existem duas ordens: a ordem da luz e a ordem das trevas. A ordem da luz penetra a ordem das trevas. Não obstante, a ordem das trevas está separada da luz desde o começo..."

No século XII, Sohravardi hauriu dessa fonte e instituiu o Ishraq, a Corrente da Iluminação, denominada também de *Os raios da aurora*. Ele deixou uma obra considerável. Parte em árabe parte em persa, ele redigiu considerações teológicas e também narrativas alegóricas e herméticas.

Sohravardi explica, em trechos diferentes, a quais tradições espirituais se sente ligado e insiste sempre na importância, não dos conhecimentos, mas da experiência concreta: "Quanto aos amigos sobre o caminho, eles percebem, na alma, uma luz que os deixa num encantamento extraordinário, porque ela não se encontra na vida terrestre. Para o principiante, é uma luz fugaz como o raio; para o mais adiantado, uma luz uniforme, e, para o homem superior, uma luz celeste escura. Quanto à luz escura que leva à pequena morte, o sábio Platão, entre os gregos, foi o último que realmente a conheceu, assim como o grande espírito cujo nome foi conservado ao longo da história: Hermes".

Sohravardi consagrou apenas algumas linhas à taça ou Graal. Ele parte do princípio de que seus leitores conhecem bem a história do rei mítico Kay Khosraw. "O Graal, o espelho do universo, pertencia a Kay Khosraw. Nesse espelho ele podia ler tudo o que quisesse, podia contemplar as coisas ocultas e conhecer as coisas manifestadas. É dito que o Graal se encontrava em um estojo de couro, de forma cônica, atado por dez tiras. Quando Kay Khosraw quis, um dia, ver as coisas ocultas, ele desatou todas as tiras, e o Graal ficou invisível. Porém, quando ele amarrou as tiras novamente, o Graal tornou-se visível outra vez."

O tema da taça, espelho do universo, remonta a um passado muito longínquo e era ainda conhecido no tempo de Mani.

Portanto, fica claro para Sohravardi que o Graal desce na natureza do homem para libertá-lo dela. O imortal desce no mortal. A natureza terrestre é o invólucro; o Graal está escondido no estojo, voluntariamente amarrado. No interior desse invólucro, a nova alma precisa despertar para receber o Espírito. Em princípio, Kay Khosraw já possuía essa ligação. Permanecendo em seu corpo, o Graal era visível, quer dizer, agia na natureza terrestre. Assim que ele desfez os dez laços e voltou-se totalmente para as coisas invisíveis, o Graal já não era visível. Afinal, elevar-se ao Espírito significa desligar-se da matéria.

"Quando o sol encontrava-se no equinócio da primavera", segundo Sohravardi, "Kay Khosraw voltou o Graal para o sol. Imediatamente uma poderosa luz caiu sobre ele, e todos os sinais e imagens do mundo nele se manifestaram". Ele conclui: "Quando ouvi o mestre descrever o Graal de Jam, eu mesmo me tornei o Graal do mundo, o espelho de Jam. No Graal do mundo, o espelho, lembramos que cada Graal é uma chama que nos faz morrer".

Repetidamente, Sohravardi indica que o eu da natureza deve morrer para que uma nova alma possa nascer. Sob a ação do Graal, o superior deve substituir o inferior. Essa foi sua mensagem aos homens de seu tempo: são nossos atos que nos transformam.

Sua fraternidade tinha por nome Ishraqiyun, e também Khosrawiyun, segundo o lendário Kay Khosraw. Após a morte de Sohravardi, ainda durante muito tempo, seu ensinamento exerceu grande influência, e sua comunidade continuou a existir. Dela encontramos traços até hoje.

3

A VIAGEM DO ORIENTE AO OCIDENTE

Uma das numerosas lendas do Graal relata como a taça misteriosa chegou ao Ocidente. Bem antes do nascimento de Merlim, a taça do Graal pertencia a um oriental chamado José. Como ele obteve a taça? Quem a havia feito? De onde vinham seus poderes milagrosos? Ninguém o sabia.

Em certas ocasiões, José convocava a família e os amigos para uma refeição que era servida sobre uma mesa de prata. Quando todos haviam tomado seus lugares, ele exibia o Graal e o colocava no centro da mesa, encoberto por uma nuvem luminosa. Em seguida, pedia a um velho pescador para descer ao rio e apanhar um peixe de prata que nadava nas águas claras.

O pescador estava habituado a isso e a cada vez voltava com um grande peixe brilhante. José lhe ordenava que o preparasse sobre um fogo de carvões em brasa. Quando o peixe ficava pronto, ele servia a preciosa carne aos convidados, não importando quantos fossem. Os que provavam esse manjar milagroso sentiam-se, de repente, plenos de alegria e tornavam-se suficientemente fortes para evitar o mal e fazer o bem. Terminada a refeição, todos voltavam para seus lares. Embora essa cerimônia tivesse sido repetida por centenas de anos seguidos e muitos, graças a isso, tivessem tido uma vida feliz, somente José e o velho pescador conheciam o segredo do Graal e do peixe. Assim, eles estavam em condição de socorrer a humanidade.

Naquela época, contudo, não havia apenas boas pessoas. O país de José era governado por um príncipe mau que, muitas vezes, já havia tentado furtar a preciosa taça. Entretanto, mesmo aprisionado, José nunca revelou o esconderijo de seu tesouro. Ora, seus inimigos continuavam a procurá-la e ameaçavam José, sua família e seus amigos; mas nada conseguiam.

Um dia, quando trabalhava em seu jardim, José recebeu a visita de um ser luminoso que lhe recomendou levar a taça para um país longínquo, para além do mar, para o Ocidente. José lhe perguntou como fazer isso. "Eu não passo de um jardineiro e trabalho habitualmente nos campos de trigo. Não tenho barco nem conheço ninguém que saiba navegar." Entretanto, o ser lhe disse para não ter medo: "Tem confiança. Chama tua família e teus amigos, pega a mesa de prata, a taça, e parte!" E desapareceu. José foi para casa e chamou o pescador. Pediu-lhe que reunisse as pessoas para preparar essa grande viagem ao desconhecido e que o acompanhassem.

3 · A viagem do Oriente ao Ocidente

Logo tudo ficou pronto, e eles partiram: José, o pescador, os filhos e seus amigos. Eles levavam a mesa de prata, e José carregava a taça do Graal num pequeno cofre decorado com centenas de pedras preciosas. Dias se passaram, e eles chegaram à beira do mar, que se estendia diante deles, azul e misteriosamente iluminado, aqui e ali, por luzes de cores rosa e violeta. Eles viram, no horizonte, nuvens baixas que pareciam ilhas rodeadas pelo brilho dourado do sol poente. Deveriam ir até lá? Estariam as ilhas do Ocidente sendo anunciadas a José?

Entre os viajantes e as ilhas havia uma grande extensão de água com ondas turbulentas. Para atravessá-las seria preciso um barco, mas não havia nenhum, nada com o que alguém pudesse ousar fazer essa grande viagem. José mantinha-se à beira do mar, e todos os que confiaram nele interrogavam-no com os olhos. Então, acima da água, soou uma voz que todos puderam ouvir: "Toma tua vestimenta branca, José, e estende-a sobre a água!" José obedeceu. Tomou sua vestimenta de linho branco e estendeu-a sobre a superfície ondulante das águas. E eis que a vestimenta tomou a forma de um barco. Então, novamente a voz ressoou, como o chilrear de um pássaro ao anoitecer: "Sobe a bordo, José, e que todos te sigam".

José pegou o pequeno cofre do Graal e, confiante, subiu a bordo. A vestimenta branca provou ser suficientemente forte para levá-lo, e a embarcação ficou tão imóvel como se estivesse presa por uma âncora. Os outros seguiram-no e depositaram a mesa de prata no centro da embarcação. Quando todos haviam tomado lugar à mesa, o barco, impulsionado por uma força misteriosa, começou a mover-se e tomou rapidamente a direção do Ocidente.

Logo o sol declinou, a lua subiu ao céu, e o barco continuou seu curso mais rápido do que qualquer outra embarcação. Entretanto, a lua também se deitou; depois, atrás deles, o sol despontou novamente, e, nos raios de luz dourada que despertavam para a nova vida, José percebeu a praia de areia branca e os altos rochedos do país do Ocidente. Ele os contemplou com admiração. Porém, quando os viajantes se aproximaram, descobriram que haviam trocado o calor do verão e árvores cheias de frutos por um país onde reinava o frio do inverno e cujo solo estava coberto de neve. O gelo, que havia recoberto os rochedos durante a noite, brilhava; e os rios corriam sob uma dura crosta gelada. O barco levou os viajantes para uma pequena baía, onde o vento do norte os apressou a procurar um abrigo. José foi o último a sair, e a voz ordenou-lhe que recolhesse e usasse novamente sua vestimenta. Milagre! Ela estava seca, quente e confortável!

Os viajantes subiram uns atrás dos outros: José com o pequeno cofre, o pescador, os que carregavam a mesa de prata e toda a comitiva. Eles galgaram as alturas, desceram aos vales, depois chegaram a lugar mais acolhedor. José apoiou-se em seu bastão e olhou se o lugar era conveniente para aí se fixar. Então, seu bastão começou a vibrar e dele saíram brotos e ramos cobertos de flores brancas: ele se enraizara no solo gelado! A árvore cresceu rapidamente e tornou-se tão grande que José pôde facilmente instalar-se debaixo dela. Quando ele tocou as flores, elas espargiram um perfume maravilhoso.

José chamou o pescador e os amigos e pediu-lhes que colocassem a mesa de prata sob a árvore. Todos se instalaram ali. Então, num ribeiro próximo, como se o estivesse esperando há muito tempo, o pescador encontrou um peixe de prata. Ele o levou a José, que o preparou sobre os carvões em brasa. O Graal foi colocado no meio da mesa, e todos se apressaram a tomar parte da refeição mágica, que lhes era familiar, sob a árvore florida. Essa foi a primeira refeição feita no país do Ocidente, enquanto colinas e vales desapareciam sob uma espessa camada de neve.

Nesse momento, um ancião trajando um grande casaco os observava. Era um druida, que apareceu por acaso. Espantado, ele olhava esses homens morenos, com suas vestimentas orientais coloridas, instalados ao redor de uma mesa de prata sob uma árvore florida. Mas era principalmente a taça envolta por uma nuvem luminosa que atraía sua atenção. Quando terminaram de comer, um deles levantou-se e, com grande cuidado, tomou a taça cintilante em suas mãos. Todos se levantaram, pegaram a mesa de prata e continuaram seu caminho pela neve. O druida aproximou-se da árvore e tocou-a. A árvore era verdadeira, assim como as flores de odor delicado. Ele retornou para sua casa e contou a todas as pessoas o que havia visto. Então, o rei do país do Ocidente ofereceu a José e a seus amigos a terra onde a árvore estava. Ali eles construíram uma capela e, durante muitos anos, puderam reunir-se tranqüilamente ao redor da mesa de prata e permanecer no país, graças à influência protetora e salutar do Graal.

4

Origem e significado das lendas do Graal

Montsalvat, o Castelo do Graal. Era lá que se encontrava, segundo as lendas, a ordem dos cavaleiros guardiães do Graal. Assim como o rei Artur com seus cavaleiros, eles também formavam uma Távola Redonda. Quando se reuniam e o Graal era apresentado, eles recebiam um alimento milagroso, e a simples visão do Graal concedia-lhes a juventude eterna.

Segundo as lendas, o Graal é a taça da qual Cristo bebeu na Santa Ceia. José de Arimatéia, de posse dessa taça, teria nela recolhido o sangue do Redentor. A taça milagrosa do Santo Graal é um símbolo que pode ser encontrado no mundo inteiro. Na Idade Média, na Europa, existiam versões dessas lendas nas tradições de muitos países. Diferentes religiões representam o sol e a lua como cálices preenchidos de alimento divino. Os heróis, em recompensa por suas nobres proezas, tinham o direito de haurir dele novas forças. A filosofia grega fala de uma "cratera" onde o Deus supremo mistura as matérias da criação com a luz do sol. Essa taça era estendida às almas recentemente criadas para que elas daí haurissem sabedoria.

Num mistério de iniciação grega é relatada uma festa mística que se assemelha muito com a refeição dos cavaleiros do Graal. De um recipiente sagrado, o *kernos,* os participantes recebiam uma bebida que lhes dava acesso a um mundo superior. Uma imagem semelhante aparece também nas tradições celtas: trata-se de um caldeirão cujo conteúdo podia suscitar um renascimento espiritual. Em algumas lendas, uma pedra preciosa, ou pérola, substitui o símbolo da taça sagrada.

A maior parte das lendas indica que essa taça está guardada num templo ou castelo, especialmente construído para a ocasião. Por exemplo, um templo alto e redondo dotado de uma cúpula dourada, onde pedras preciosas representam um firmamento com um sol de ouro e uma lua de prata descrevendo sua órbita. Segundo alguns buscadores, um templo desse tipo devia existir na Pérsia, na montanha sagrada de Shiz. Nesse santuário, o mais importante da Pérsia, ardia o fogo sagrado. Esse teria sido o lugar de nascimento de Zoroastro. As lendas budistas descrevem o monte Meru, a montanha mística do Japão, que também nos faz lembrar o templo do Graal. Buda está sentado no cume, rodeado por seus bodisatvas, e, ao redor deles, circulam o sol e a lua.

Todas essas lendas confirmam que o encontro com os valores espirituais do Graal modifica a vida de maneira fundamental. Para desvendar um pouco esses mistérios, os rosacruzes autênticos podem dar orientação, pois seus mistérios estão em relação direta com os do Graal. Eles baseiam-se no princípio de que não há somente um mundo visível e tangível, mas também um mundo superior não perceptível pelos sentidos. O mundo visível com todos os seus aspectos, inclusive o homem, nasce, atinge o ápice de seu desenvolvimento e depois desaparece. Cada um pode verificar, por sua própria experiência, que este mundo não conhece a perfeição. Entretanto, ele é sustentado e mantido por um mundo imperecível, eterno. Segundo a sabedoria original, os habitantes desse mundo superior são perfeitos e, por isso, imortais.

Fazemos, agora — e é aí que verificamos os mistérios do Graal — a pergunta crucial: existe uma passagem entre o mundo eterno perfeito e o mundo imortal imperfeito? Haverá uma esfera, um espaço, uma dimensão onde a eternidade e o tempo se encontrem e se unam? Estritamente falando, não. O que ocorre é a existência de dois campos de vida fundamentalmente separados.

Todavia, há um domínio de transição onde os dois mundos podem cooperar durante curto espaço de tempo e que se manifesta em um movimento pulsante, de aparecer para então voltar a desaparecer. Seres perfeitos do campo de vida eterno ligam-se, de forma rítmica, aos habitantes do campo de vida perecível, a fim de elevá-los ao plano de vida superior. Esse processo é representado pelo símbolo da cruz. A eternidade, a haste vertical, desce ao mundo perecível, a haste horizontal, e penetra o mundo mortal. Assim é a crucificação: o mundo perfeito oferece-se ao mundo imperfeito, ligando-se a ele.

Os grandes sábios, como Buda, Zoroastro e Jesus, estabeleceram uma ponte entre esses dois mundos, reforçaram-na e explicaram-na, a fim de servir à humanidade. Dessa forma, eles fizeram o sacrifício de seu sangue puro, e mostraram o caminho mediante a vivência, para dar o exemplo, e abriram a porta entre os dois mundos. Assim, a ponte espiritual que edificaram é sempre conservada pelos que seguem seu exemplo em palavras e em atos puros.

Essa ponte é um milagre. As múltiplas lendas representam essa ligação temporária e sutil, realizada pelo Graal, entre a eternidade e o tempo: a taça ou cratera. Trata-se de um espaço, de um campo de vida protegido, como uma terceira natureza, no qual a alma que busca pode aprender a encontrar seu caminho através do mundo dos opostos, a fim de descobrir a eternidade.

As diferentes lendas sobre o Graal descrevem como os cavaleiros do Graal partem para realizar suas proezas heróicas. Essas narrações são tão atuais hoje quanto o foram há muitos séculos. Entretanto, o homem moderno simplesmente não percebe o mundo perfeito, a meta de sua viagem final. Seus sentidos não permitem. Ele percebe que deve haver algo mais, mas não tem, a esse respeito, uma imagem clara. Isso o preocupa e o impulsiona a procurar. Ele se pergunta por que vive, para que serve a vida e por que tanta gente, inclusive ele, tem de sofrer, sem esperança.

Com sinceridade, ele começa a procurar, como Parsifal; e um cavaleiro do Graal não deixará de cruzar seu caminho. Quem parte em busca do Graal talvez já tenha estado em contato com ele, mesmo que inconscientemente.

À noite, durante o sono, pode acontecer o que é impossível acontecer durante o dia: uma parte da personalidade separa-se do corpo e vai aos domínios invisíveis que correspondem à vida interior. Se estivermos animados por um grande desejo, ainda que inconsciente e sem orientação precisa, de compreender o sentido da vida, os aspectos superiores de nossa alma se dirigirão, à noite, para os domínios correspondentes. Então, a alma que busca tem a possibilidade de se encontrar num lugar de transição entre os dois mundos. Lá, ela é tocada pela pura energia do Graal. Isso acontece durante a fase sem sonhos do sono profundo, quando a consciência está desconectada e, por isso, já não constitui um obstáculo.

É o que aconteceu a Parsifal quando ingressou pela primeira vez no Castelo do Graal sem compreender o que estava acontecendo ali e partindo tão ignorante como quando chegara; faltava-lhe ainda levar uma vida de austeridade antes de começar uma busca consciente e encontrar o caminho.

O caminho que a Rosacruz Áurea mostra visa a despertar, no buscador, uma nova alma livre e ligá-la ao Espírito Divino. Em outras palavras, a Rosacruz Áurea abre para o buscador incondicional — Parsifal — o caminho que conduz ao Castelo do Graal, o campo de vida original da alma. É o caminho que todas as lendas do Graal descrevem, embora o conteúdo e a forma não sejam sempre semelhantes. Freqüentemente são apresentadas apenas algumas fases da evolução de Parsifal. Assim, o texto *Perceval, le conte du Graal,* do poeta francês Chrétien de Troyes (século XII), por exemplo, é fragmentário. Nele não é relatado que Parsifal retorna consciente ao Castelo do Graal.

A obra *Parzival,* do poeta alemão Wolfram von Eschenbach (cerca de 1170–1220), descreve o caminho inteiro; ele mostra de maneira velada que, para isso, se necessita de uma nova consciência e, para começar, é preciso descobrir a fonte interior oculta. Portanto, cada um tem a possibilidade de receber e utilizar uma força interior muito especial. Essa força de origem cósmica é também denominada sangue divino. Quem consegue encontrar e receber essa energia é fundamentalmente transformado e posto em condição de receber de forma direta a sabedoria divina. O mistério do Graal não é, pois, um processo exterior, mas ocorre no mais elevado nível que a alma pode alcançar.

A esse propósito, a saga do rei Artur é mais clara. Trata-se aqui de Galahad, o cavaleiro irrepreensível. Com Parsifal e outro cavaleiro da Távola Redonda, ele se põe a caminho, em busca do Graal sagrado. Ao se aproximarem do castelo, eles percebem uma luz que não vem do sol. Em seguida, Galahad torna-se rei do Graal: ele representa o homem perfeito e a nova consciência da alma despertada. Ele é, portanto, o símbolo do aspecto desconhecido do ser humano: a consciência latente de sua verdadeira natureza que aspira ao mais elevado poder, ao bem supremo. Assim que essa consciência ressurge, o caminho se abre à percepção lúcida do Graal.

No homem, portanto, dormita um aspecto desconhecido: o aspecto do Graal. Segundo a Rosacruz Áurea, despertar esse elemento é a verdadeira finalidade da vida na terra. É sabido que hoje a humanidade se choca contra a grande muralha de sua própria impotência; é chegado o momento de desvendar outra vez o segredo do Graal, pois ele contém a solução de todos os problemas.

As lendas do Graal apareceram todas ao mesmo tempo, por volta do século XII, tanto na Europa Ocidental e Oriental como na Pérsia. Teria sido um acaso? Os servidores do Graal viram surgir uma época na qual a maior parte dos seres humanos restabeleceria a ligação interior com o mundo superior. Se não fosse assim, essa ligação desapareceria por completo, pois a influência da ciência e da técnica faria evoluir uma mentalidade que fecharia aos seres humanos o mundo da alma-espírito. Talvez seja essa uma das razões do ressurgimento das lendas do Graal naquela época. Seu misticismo e seu romantismo misterioso deviam continuar a tocar os corações nos séculos vindouros.

Se a alma cai em grande angústia, essas alegorias de profundo significado podem servir-lhe de guia. Em nossa época turbulenta e incerta, esses antigos contos emocionantes mostram que o caminho interior, velho como o mundo, continua praticável: o buscador de hoje, como os cavaleiros da Távola Redonda, tem sempre a possibilidade de participar do mundo superior.

Em diversos episódios, trata-se de duas Távolas Redondas: a dos cavaleiros do Graal e a do rei Artur. Isso mostra que a unidade do mundo superior, simbolizada pela Távola Redonda dos cavaleiros do Graal, deve ser realizada no mundo inferior: a Távola Redonda do rei Artur.

Os candidatos que se preparam para ir ao encontro da taça sagrada precisam, aos poucos, purificar-se interiormente e libertar-se de todas as influências que os retêm na vida inferior. No decorrer desse processo, eles vão progressivamente juntar-se à Távola Redonda superior, em conformidade com as palavras de Cristo: "Eu e o Pai somos um. [Para que todos] sejam um em nós". Nesse caminho, a Santa Ceia oferece um alimento que já não é simbólico, mas verdadeiro e concreto. Cada membro do grupo assimila as energias divinas concentradas na medida em que está preparado e pode suportar.

Assim, o processo de mudança interior tem início e o Graal é erigido em cada um; então, a taça invisível do Espírito manifesta-se no grupo de orientação convergente e estabelece-se no meio do mundo.

No *Corpus Hermeticum* (antigo escrito iniciático egípcio), podemos ler:

"Ele enviou para baixo uma grande cratera cheia de forças do Espírito e um mensageiro para anunciar aos corações dos homens a tarefa: 'Mergulhai nesta cratera, vós almas que podeis fazê-lo; vós que crestes e confiastes em que ascendereis até ele que enviou para baixo este vaso de mistura; vós que sabeis para que objetivo fostes criados'. Todos os que atenderam a essa anunciação e foram purificados imergindo-se nas forças do Espírito tiveram participação na Gnose, o conhecimento vivente de Deus, e tornaram-se homens perfeitos por terem recebido o Espírito."[1]

---

[1] Rijckenborgh, J. van. *A Arquignosis egípcia e seu chamado no eterno presente*. São Paulo: Lectorium Rosicrucianum, 1986, vol. 2.

5

O Graal celta e a saga de Artur

Os celtas estão na origem das lendas do Graal na Europa. Eles não tinham uma verdadeira estrutura estatal, mas formavam uma sociedade dirigida pelos druidas, que transmitiam seu ensinamento ao povo sob a forma de contos ou de cantos.

A antiga cidade de Carnutum (atual Chartres) é considerada o mais importante local de reunião dos druidas. Na floresta circundante encontrava-se uma gruta onde eles guardavam a representação da *Virgo paritura,* a virgem parturiente. Lá, eles aguardavam o nascimento daquele que "desceria no abismo para sair dele vencedor". A Bretanha, a Irlanda, o País de Gales e a Escócia conservam ainda numerosos traços dessa cultura religiosa.

A mitologia celta foi tema de um texto intitulado *Mabinogion.* Nele, o Graal também é mencionado, embora de uma forma diferente da que conhecemos. Nesse caso, ele era um caldeirão que servia de instrumento iniciático. Na realidade, havia dois caldeirões: o do renascimento e o do aperfeiçoamento. Dizia-se que o herói morto em combate retornava à vida imergindo no primeiro. O segundo estava cheio do alimento de que o herói renascido precisaria para continuar seu caminho. Mas ele apresentava-se vazio para quem dele se aproximasse sem ter vivido de forma heróica.

Ceridwen era uma deusa-mãe celta. Ela possuía um caldeirão no qual preparava uma poção que poderia provocar renascimento ou transformação. Um jovem que bebesse uma gota dessa poção conheceria todos os segredos e renasceria, após uma série de transformações, sob a forma do grande druida e bardo Taliesin — a princípio, na qualidade de aluno de Merlim; em seguida, ele mesmo seria chamado de Merlim. Taliesin significa fronte irradiante. O caldeirão e a taça são símbolos femininos e representam o princípio receptor; a lança e a espada são símbolos da força masculina.

A cruz celta combina aspectos do cristianismo oriental e da sabedoria druídica ocidental. Ela não é apenas um símbolo do corpo físico, mas também do encontro entre matéria e Espírito. Freqüentemente encontra-se, no meio dessa cruz, uma roda solar ou a representação de um movimento rotativo simbolizado por três sinais semelhantes ligados uns aos outros por um centro comum. A cruz é também o símbolo do homem de pé, com os braços estendidos e os pés firmes no chão. No cruzamento das duas hastes, o sol engloba a cabeça e o coração, imagem do homem regenerado pelo Espírito divino. A ligação da corrente oriental e da tradição druídica gerou o cristianismo celta e os contos da Távola Redonda do rei Artur.

Merlim era o grande iniciado nos mistérios druídicos e, assim sendo, possuía o dom de profecia. E, uma vez que, segundo a lenda, ele tinha acesso a todas as esferas de vida, criou condições para que Artur viesse ao mundo em Tintagel, um castelo que ficava na costa da Cornualha, no sudoeste da Inglaterra.

Merlim fizera um acordo com o rei Uther Pendragon: levaria o jovem príncipe para educá-lo em lugar seguro. Quando Uther Pendragon morreu, houve uma controvérsia sobre sua descendência, pois ninguém sabia que ele tinha um filho. Na noite de Natal apareceu, na praça do mercado, uma pedra na qual estava cravada uma espada. Uma inscrição em letras de fogo indicava que aquele que pudesse retirar a espada da pedra se tornaria o rei da Inglaterra. Muitos cavaleiros tentaram em vão, e, finalmente, foi o jovem Artur quem conseguiu retirar a espada, sem dificuldade. Dessa forma, ele provou sua linhagem e sua vocação.

Segundo a lenda, Merlim, que havia preparado tudo isso, tornou-se seu conselheiro, e juntos estabeleceram paz e prosperidade no país. Então, o

Graal foi introduzido na Inglaterra e o rei pescador deu instruções a Merlim para instituir uma Távola Redonda. Uther Pendragon pedira-lhe para transmitir essa herança ao seu filho Artur, que estaria apto a realizar essa tarefa. Ele criaria uma nova fraternidade na qual se reuniriam todos os que combatessem o mal com suas palavras e seus atos. Merlim deu a Artur a espada mágica Excalibur tendo em vista a boa causa. O portador dessa espada — oferecida pela Dama do Lago — era invencível.

Ao lado de um rei vencedor, o povo desejava também uma rainha. Essa mulher, Guinevere, trouxe infelicidade para a fraternidade dos nobres cavaleiros, por causa dos problemas que surgiram devido a suas relações com Lancelot, o melhor amigo do rei. Artur não reagiu nem com ciúmes, nem com ódio ou cólera, mas sim com compreensão. Ele também teve dificuldades com seu filho adulterino chamado Mordred, que se tornou seu pior inimigo. A meio-irmã de Artur, a fada Morgana, tentou aniquilar a Távola Redonda, mas esbarrou na elevada ética dos cavaleiros. Sobretudo Galahad não se deixou influenciar por ela.

Quando foi levado por Merlim à Távola Redonda, Galahad tomou lugar, sem dificuldade, na décima terceira cadeira, a cadeira perigosa, e seu nome apareceu em letras luminosas sobre o espaldar. Ele era o cavaleiro que todos esperavam há muito tempo. No mesmo instante, alguns anjos trouxeram o Graal, que ofereceu deliciosos manjares a cada um deles. Os cavaleiros ficaram tão tocados que decidiram partir em busca do Graal, que desaparecera de suas vistas. Somente o rei Artur permaneceu em Camelot. Como adeus, o cavaleiro Gawain disse a Galahad: "É preciso que vás embora, pois não és dos nossos". Merlim também não os acompanhou, pois havia terminado sua tarefa, e retirou-se da Távola Redonda.

Em seguida, o rei Artur teve de lutar contra seu próprio filho. Na véspera do combate, seus conselheiros, que haviam consultado os astros, disseram-lhe que não saísse de sua tenda no dia seguinte. À noite, o rei sonhou que estava acorrentado à roda do destino, girada pela deusa Fortuna. Na primeira volta da roda ele encontrou-se no alto, como rei; na volta seguinte, na parte de baixo da roda, ele havia se tornado um mendigo. Então, compreendeu a lei inflexível da reencarnação. Ele reviu sua vida num relance e descobriu a relatividade da luta por bondade e perfeição terrestres.

No dia seguinte, depois de ter adquirido essa compreensão, ele foi lutar contra seu filho. Os dois infligiram ferimentos mortais um ao outro. Mordred morreu e Artur pediu a seu amigo que o levasse até um lago vizinho. Lá, ele devolveu Excalibur à Dama do Lago. Depois, uma nave com nove mulheres levou o rei à ilha de cristal, Avalon, para cuidar dele e prepará-lo para seu retorno, quando fosse a hora. "Artur é o rei! Agora e para sempre!"

A busca do Graal continuou, embora inúmeros cavaleiros tenham perdido a vida, ou se perdido. No entanto, três cavaleiros encontraram o cálice sagrado: Bohor, Parsifal e Galahad. Mas apenas um pôde aproximar-se dele. E a lenda relata: "Depois disso, o Graal desapareceu do mundo".

Quem não se sentiria tocado pela nobreza, valentia e tragédia dessa maravilhosa história? "Eram heróis, Artur, Lancelot, Parsifal e Galahad. E estão vivos ainda hoje!" Há séculos o homem é criado com a idéia de que o verdadeiro herói é um personagem exterior a ele mesmo, de modo que, depois de uma história tão bonita, ele retorna tranqüilamente à mediocridade de sua vida cotidiana: comer, beber, dormir, e talvez, durante as férias, visitar Tintagel, para ver se ainda existe alguma coisa por lá...

No entanto, qual é a mensagem do Graal em tudo isso? Ela ressoa em cada passagem da nobre lenda. É a própria história da vida. Todos os acontecimentos dessa lenda representam a busca dos ideais, assim como os esforços, os desalentos, as descobertas e as decepções da vida. O que buscamos em nossos dias com nossas máquinas ultra-rápidas, nossos aparelhos sofisticados e os produtos sintéticos? São empreitadas muito parecidas com as dos cavaleiros que estavam em busca do Graal. Alguns querem alcançar um ideal elevado e ajudar o próximo; outros querem conseguir um domínio absoluto sobre a natureza ou sobre os povos. Assim, cada um traz, em si mesmo, os diferentes aspectos da busca: em cada um se esconde o rei Artur.

Um bom rei não é um tirano, porém assume conscientemente a responsabilidade de todas as vidas confiadas à sua direção. Portanto, ele não se aproveita de seus súditos para alcançar seus próprios objetivos; ele não os explora. Na qualidade de verdadeiro cavaleiro, ele não luta em interesse próprio. Mas será que ainda existem cavaleiros como esses?

Quem ainda pode ouvir a voz interior, sua consciência, por ela será inspirado a seguir o caminho correto. No entanto, para ouvi-la, é preciso calma e silêncio interiores. Ora, é escutando essa voz que o cavaleiro andante pode descobrir e ver claramente qual é a verdadeira finalidade de sua vida e, por fim, alcançá-la.

6

Parsifal — o caminho do buscador

A Idade Média foi uma época em que houve grande angústia na Europa. A Igreja procurava assegurar seu lugar na sociedade. A liberdade de expressão desapareceu, a vida espiritual enfraqueceu e depois se extinguiu. O Ocidente pôs-se em marcha contra o islã. Mas a civilização do Oriente Médio conheceu um desenvolvimento muito maior do que o Ocidente, e os cruzados levaram um novo impulso cultural para casa.

A Inquisição erradicou qualquer renovação de vida espiritual no seio dos dogmas já estabelecidos. O renascimento espiritual buscou, pois, seus próprios caminhos para expressar-se e comunicar-se. A história de Parsifal e de sua busca do Graal, tal como relatada, por exemplo, por Chrétien de Troyes e Wolfram von Eschenbach, ilustra esse fato. À primeira vista, são romances de aventura que evocam o heroísmo, a fé, a coragem e os amores dos cavaleiros. Eles descrevem a beleza e a virtude das damas amadas e as provas que os cavaleiros devem suportar por elas.

Podemos também encontrar neles um caminho de iniciação, velado, naturalmente, mas perfeitamente decifrável com o auxílio de certas chaves. Foi assim que, sob imagens ricas e fabulosas, os bogomilos, os templários e os cátaros ocultaram sua vivente sabedoria antiga e conseguiram legá-la à posteridade.

Embora Wolfram von Eschenbach reconheça ter-se servido do romance inacabado de Chrétien de Troyes, afirma ter-se inspirado em outra fonte. Ele se refere ao mago Kyot, um iniciado que havia descoberto a lenda do Graal num velho manuscrito em Toledo. Esse manuscrito era obra do filósofo oriental Flegetanis, que havia lido nos astros alguns dados relativos ao Graal. "Uma multidão de anjos trouxe-o para a terra, depois voou para as estrelas..." Kyot procurou saber onde se encontrava essa preciosa dádiva do céu e isso o levou à linhagem dos *Anschaue* (do alemão, contempladores). Não se tratava de uma dinastia real existente, mas de uma raça de seres enobrecidos pela contemplação espiritual.

Wolfram von Eschenbach mostrou de várias outras formas que não dera início à lenda do Graal. Ele afirmava não ser um erudito, mas um cavaleiro que não sabia ler nem escrever. Certamente não devemos considerar essa declaração de maneira literal; mas isso mostra bem que se tratava de um homem modesto, que pensava que sua imaginação, embora grande, era insuficiente para descrever o bem supremo.

Com efeito, ele descreveu, usando um ambiente da época, como a alma que aspira a Deus acaba fundindo-se com as forças espirituais do Graal após submeter-se a muitas provas e purificações. Hoje, esse caminho é tão significativo como o foi outrora; entretanto, ele adapta-se às possibilidades e limitações da humanidade atual. Interpretado de forma adequada e positiva, esse caminho simbólico é capaz de esclarecer os desenvolvimentos e processos da própria vida do leitor.

Wolfram von Eschenbach descreve o caminho seguido por um homem que, tendo como fundamento sua condição terrena, retorna para sua origem divina. Adão, em sua presunção, deixou de obedecer a Deus. Desde então, a obediência é a única exigência que Deus impôs ao ser humano para que ele possa ter acesso à imortalidade. "Assim, desde a geração de Adão, nós apenas conhecemos aflição ou alegria"; foi dessa maneira que o asceta Trevizent descreveu a existência humana. A alegria, porque Deus jamais abandona suas criaturas; a aflição, porque carregamos o fardo do pecado de Adão. Amfortas, o homem divino original, jaz mortalmente doente, na cidadela do Graal, onde aguarda sua libertação. Cada filho do homem esconde em si um Amfortas; a cidadela do Graal, que o envolve, é o símbolo do microcosmo. Ora, se o buscador tem em si alguma reminiscência — isto é, a lembrança da condição do homem antes de sua sujeição à vida e à morte — essa lembrança o toca; ele pode, então, tornar-se consciente do caminho a percorrer para encontrar o estado original e seu verdadeiro lugar na Criação.

Segundo certa profecia, somente um tolo ingênuo, iluminado pela compaixão, libertará o doente incurável. Sua herança interior coloca Parsifal no caminho. Seu pai, um valente cavaleiro, acumulou todas as experiências da vida terrena; sua mãe personifica os sofrimentos da alma. Como missão, ela tem de dar a uma criança a oportunidade de reencontrar o caminho do Graal, para que assim seja revelado o caminho da libertação a todos os seres humanos. Em Parsifal trabalham, portanto, a herança coletiva das experiências da humanidade (o pai), e o pressentimento de sua vocação divina (a mãe). Sua aparência de tolo representa a percepção pura e ingênua da alma: a educação de sua mãe apenas se dirigia à sua alma. Mas esse traço particular, no sentido exclusivamente literal, faz que ele cometa erros, e provoca sofrimentos. Parsifal deve, portanto, aprender a distinguir entre comportamento terreno e aspiração espiritual. Uma bela e encantadora mulher pode ser considerada como a encarnação de uma alma pura, mas também como um ser humano.

A caminho, Parsifal cruza várias vezes com Sigune, que personifica a voz da reminiscência. Ela o chama por seu nome e lhe revela sua origem: "Parsifal, esse é o teu nome. Ele significa: passar pelo centro". Seu caminho, para o conhecimento da verdade, passa também pelas profundezas da natureza terrena. Mas ele ainda não encontra sua missão interior e aspira sempre à cavalaria exterior, simbolizada, em sua forma mais nobre, pela Távola Redonda do rei Artur. Esse grupo de cavaleiros alcançou tudo o que é possível na natureza terrena.

Os cavaleiros, os reis, as damas e outros personagens que Parsifal encontra em sua busca podem ser vistos como representações de seus sentimentos, idéias e desejos. Ele sempre se vê face a face com obstáculos que deve enfrentar e resolver em si mesmo. Assim, ele liberta Kondwiramur das mãos de seus inimigos e a desposa. Trata-se da união duradoura com aquela que o "conduz ao amor", a nova alma! Impulsionado pelo desejo original (que Eschenbach representa pelo amor de sua mãe) e guiado interiormente por Kondwiramur, Parsifal põe-se a caminho para a cidadela do Graal. Ainda muito influenciado pelas lições de Gurnemanz, ele não compreende o que se espera dele no Castelo do Graal. Ele não sabe fazer ao rei a pergunta salvadora.

A espada que Amfortas lhe presenteia irá auxiliá-lo a dintinguir, em seu caminho, entre o que é terreno e o que é divino. Ele aprende a reconhecer as próprias faltas e a repará-las. A maldição de Kundry faz que ele tome consciência de sua negligência em sua elevada missão, e ele já não deseja nada senão encontrar o Graal e unir-se a Kondwiramur, a nova alma. Na qualidade de cavaleiro que busca o Graal, Parsifal envolve-se em incontáveis combates. Wolfram von Eschenbach utiliza o personagem do cavaleiro Gawain para representar suas numerosas aventuras. A princípio, ele combate as alucinações do espírito humano. Porém, embora registre numerosos sucessos, essas vitórias não o aproximam da meta porque ainda são, em sua maioria, expressão de sua vontade terrena. Elas são, no entanto, o ponto de partida necessário para poder encontrar a Santa Cidadela.

Parsifal, desencorajado, desesperado, com o coração cheio de rancor por Deus, vagueia pelos caminhos. Ele sofre por não poder encontrar a taça maravilhosa. Mas, em sua extrema solidão e impotência, o auxílio de Deus chega novamente até ele. Um cavaleiro cinzento vem ao seu encontro, caminhando descalço na neve, com sua mulher e seus filhos. Esse cavaleiro lhe diz que num dia como aquele, Sexta-feira Santa, ele pode esperar a graça de Deus. Refletindo sobre essas palavras, Parsifal afrouxa as rédeas de seu cavalo e este o leva até o eremita Trevizent que lhe dá um novo significado da Sexta-feira Santa. Afinal, esse é o dia em que ele pode amar Deus! Então, Parsifal percebe que, para compreender o sacrifício da Sexta-feira Santa, deve entregar a Deus sua vontade pessoal: "Senhor, que tua vontade seja feita!" Essa é a expressão do verdadeiro amor. No mesmo instante, as forças divinas vêm tocá-lo, para seu consolo e libertação. Desse momento em diante, ele trava vitoriosamente seus últimos combates. Com a espada do Cavaleiro Vermelho, ele põe em ordem seus conflitos exteriores.

Com a espada de Amfortas, ele vence seu adversário interior, Gramoflanz, que simboliza a luta pelo poder terreno; Gawain, a luta pela santidade terrena; e Feirefis, a luta pelo conhecimento e sabedoria terrenos. A pele de Feirefis é manchada de branco e preto porque ele acumulou todas as riquezas e conhecimentos deste mundo: tanto os bons quanto os maus.

Os três conflitos da fase final apresentam certa semelhança com as três tentações de Jesus no deserto. No entanto, as forças enganadoras deste mundo não podem ser eliminadas: é necessário vencê-las para que possa haver uma reconciliação. Vitorioso por três vezes, Parsifal é purificado, isto é, ele já não combate com seu eu nem procura libertar-se dele. Ele compreendeu quanto os homens estão afastados de Deus, de quem ele mesmo havia se apartado. Isso despertou o anseio por encontrá-lo. Seu desejo por salvação e regeneração faz que ele se entregue à vontade divina. Por isso Trevizent disse: "Ninguém pode ir à procura do Graal se não for conhecido no céu e chamado pelo nome".

Somente então conflitos interiores são ultrapassados e o mensageiro dos deuses indica o caminho do Castelo do Graal. É lá, no microcosmo, que se dá o encontro consciente com Amfortas. Somente então Parsifal, com verdadeiro amor e profunda compaixão, faz a pergunta libertadora: "Meu tio, o que vos aflige?" É a pergunta que cada um deve se fazer algum dia. E a resposta

— a cura do microcosmo sofredor — se realizará nele e nos outros. Uma parte da missão de Parsifal era conduzir um irmão ao Castelo do Graal. Ele escolheu Feirefis que, após seu batismo, é encarregado de levar o Graal à humanidade para libertá-la do sofrimento.

Parsifal torna-se o rei do Graal, com Kondwiramur a seu lado: a união do coração purificado com a nova compreensão. Lohengrin será seu filho, o Novo Homem, que aparece para salvar o mundo.

Para alguns, o misterioso Graal era uma pedra celeste que somente irradiava sua força vital se alguém dela se aproximasse. Ela estava sob a guarda e proteção do rei Amfortas, ancião doente que vivia numa cidadela de difícil acesso. Sua cura dependia unicamente de um cavaleiro capaz de dar testemunho de uma vida pura e nobre, e de encontrar o Castelo. Ele deveria, então, fazer ao rei a pergunta específica para resolver o enigma de seu mal.

A história
Parsifal aspirava a essa cavalaria e a conseguiu. Seus pais eram de sangue real. Seu pai, Gamuret van Anschauwe, tinha sido um cavaleiro combativo e sua mãe, Herzeloide, uma rainha da linhagem do Graal. Gamuret morreu por ocasião de uma campanha, antes do nascimento de Parsifal. Herzeloide retirou-se com seu filho para uma floresta a fim de preservá-lo de um encontro com

cavaleiros errantes e evitar-lhe, assim, aflições, doença e morte. Mas Parsifal percebeu, um dia, um grupo de cavaleiros e, muito impressionado, fez voto de tornar-se um cavaleiro também. Ele quis dirigir-se ao castelo do rei Artur onde, como lhe contaram os cavaleiros, receberia a armadura de cavaleiro.

Herzeloide não o deixou partir de boa vontade. Ela lhe confeccionou um traje ridículo com a esperança de que zombassem dele e que, desencorajado, ele voltasse. Ela também lhe deu alguns conselhos e, após despedir-se de seu filho, sentiu o coração despedaçado. Entretanto, Parsifal partiu feliz e não tardou a alcançar o castelo do cavaleiro Gurnemanz. Este lhe ensinou a manejar a espada e a lança, e principalmente as regras a serem observadas para tornar-se um autêntico cavaleiro. Liasse, a filha de Gurnemanz, contou-lhe que sua prima, a rainha Kondwiramur, estava sendo assediada por um rei que desejava esposá-la a força. Parsifal partiu imediatamente à procura desse agressor. Encontrou-o, derrotou-o e tomou Kondwiramur por esposa.

Mas, logo ele a deixou para visitar sua mãe. Percorrendo o caminho, chegou à beira de um lago, que ficava numa região deserta. Um pescador ricamente vestido indicou-lhe a direção de um castelo onde ele foi recebido muito cortesmente. Durante o excelente jantar ele sentou-se ao lado de um pescador, dono do lugar, que parecia sofrer de um mal sério. Foram trazidas ao recinto uma lança manchada e uma taça, com espantoso poder de ação. O anfitrião ofereceu a Parsifal uma espada preciosa com um rubi incrustado no punho. Parsifal, atônito, nada perguntou. Na manhã seguinte, ele encontrou o castelo deserto. Irritado, ele partiu.

No caminho, encontrou sua prima Sigune, que esclareceu que ele estivera no Castelo do Graal. Surpreso, ele compreendeu que deveria ter feito a pergunta ao rei sofredor para livrá-lo de seu mal. Decidiu, então, remediar essa falta e, após uma viagem movimentada, encontrou-se no campo do rei Artur. Ele foi acolhido na Távola Redonda dos cavaleiros, e Kundry, a mensageira do Graal, apareceu. Ela o censurou por sua atitude no Castelo do Graal. O jovem cavaleiro, sentindo-se desonrado, retirou-se do mundo para procurar a Cidadela Santa e reparar seu erro. Mas seus esforços foram em vão e sua viagem durou longos anos. Embora saísse sempre vencedor dos torneios, ele estava continuamente revoltado, vencido por Deus e por seu destino.

Em seu desespero mais profundo, Parsifal, de armadura, montava um magnífico cavalo que havia tomado de um cavaleiro do Graal, que tinha sido vencido. Ele deixou o animal seguir seu próprio caminho e chegou à cabana do eremita Trevizent, irmão de sua mãe e do velho rei Amfortas. Trevizent havia sido um cavaleiro coberto de glória, mas quando Amfortas recebeu seu ferimento incurável, ele abandonou a antiga cavalaria. Se o rei do Graal ainda estava vivo, era pela graça do Graal, que lhe transmitia sem cessar uma nova energia.

Parsifal permaneceu quatorze dias na sóbria morada do eremita, onde recebeu esclarecimentos a respeito da maravilhosa taça e de tudo o que acontecia com relação a ela. Ele reencontrou sua fé em Deus e esforçou-se para amenizar as dores que havia causado por ignorância. Wolfram von Eschenbach escreveu:

"Seu anfitrião libertou-o de seus pecados e o aconselhou a voltar para a vida de cavaleiro." Então, ele travou seus três combates mais difíceis. No último, a luta foi tão dura que ele quebrou sua espada contra o elmo de seu adversário, um cavaleiro tão invencível quanto ele. Face a face, eles se reconheceram: ambos eram filhos de Gamuret. O mais velho, Feirefis, era um dos homens mais ricos da terra e possuía vários reinos. Sua pele era manchada de preto e branco e ele era adorador de Júpiter e Juno.

Os irmãos foram recebidos na Távola Redonda de Artur como os mais ilustres cavaleiros. Depois, Kundry anunciou que Parsifal fora eleito rei do Graal e que podia escolher um companheiro para auxiliá-lo.

Parsifal escolheu Feirefis, e os três dirigiram-se ao Castelo do Graal. Lá, inteiramente concentrado no Graal, Parsifal fez a pergunta: "Meu tio, o que vos aflige? O que vos faz falta?" Então, Amfortas recobrou rapidamente a saúde, e Parsifal tornou-se o novo rei. A rainha Kondwiramur foi convidada ao Castelo, e Parsifal viu seus dois filhos gêmeos, Kardeiss e Lohengrin. Este último seria seu sucessor.

Uma grande festa foi ofertada, e o Graal foi introduzido por uma rainha virgem, Repanse de Joye, irmã de Amfortas. Pratos e taças foram preenchidos pelo milagroso cálice e distribuídos. Feirefis enamorou-se pela portadora do Graal, embora não pudesse ainda ver o Graal. Um amor desconhecido e irresistível forçou-o a separar-se de seus deuses e de sua mulher e a fazer-se batizar. Depois disso, ele também pôde ver o Graal e desposou Repanse de Joye.

7

Os cátaros no caminho
do Santo Graal

O aparecimento dos cátaros nas regiões mediterrâneas coincide com o apogeu das lendas do Graal na Europa. Na corte dos nobres, os trovadores contavam a epopéia do Graal e interpretavam cantos místicos que falavam do amor divino. Os cátaros não se contentaram em permanecer como espectadores desse fenômeno. Eles buscaram o Graal mediante uma dedicação diária à pureza e à coragem.

Em 950 d.C., os bogomilos, vindos da Bulgária, trouxeram para o Ocidente o autêntico ensinamento gnóstico e cristão de Mani. Após o ano 1000, os cátaros retomaram a chama do ensinamento cristão da libertação, e, num curto espaço de tempo, desenvolveu-se um grande movimento que influenciou todo o Ocidente. No fim do século XII, quase toda a Europa conhecia a mensagem do Graal. Mas foi somente no final do século XIII que as mudanças se manifestaram. E a cratera cheias de forças do Espírito — segundo a expressão de Hermes Trismegisto — surgiu na Europa para prodigalizar às almas amadurecidas o amor divino libertador.

O centro do movimento cátaro encontrava-se na Aquitânia, no sul da França. Lá floresceu uma cultura excepcionalmente rica. Foi principalmente no Languedoque que se cantou o amor cortês e se propagou a pura mensagem cristã dos cátaros. Hoje, o caminho do Santo Graal também conduz o buscador para o Sabarthez e, mais especialmente, para o vale do Ariège. Nos brasões do Sabarthez estão inscritas as palavras: *Sabarthez, custos summorum,* Sabarthez, guardião do altíssimo, sendo que o altíssimo é simbolizado por um Santo Graal alado situado no centro de um sol radiante.

O Sabarthez, que tem Tarascon como cidade principal, encontra-se no encantador vale do Ariège e se estende até as terras mais elevadas do vale do rio Sem. Toda essa região formava o condado de Foix. Sobre um rochedo com altura de uma centena de metros, na própria cidade de Foix, encontra-se ainda o majestoso castelo dos condes de Foix, protetores dos cátaros. Na Idade Média, esse castelo era muito considerado por causa dos trovadores que costumavam ser para lá convidados, tais como Chrétien de Troyes, Bertrand de Born e Wolfram von Eschenbach.

No vale do Ariège se encontra também um sistema de grutas que se estende por quilômetros

7 · Os cátaros no caminho do Santo Graal

através da montanha. Era nessas grutas, algumas vezes pequenas, outras vezes com altas abóbadas, que os cátaros podiam abrigar-se. Mas, bem antes deles, outros haviam encontrado proteção e salvação nessas vastas grutas com suas nascentes quentes e atmosfera tão peculiar, verdadeiros refúgios para os que desejavam praticar livremente sua religião. Graças aos desenhos encontrados nas paredes, sabemos que essa região foi habitada há 12.000 anos. As colinas e cavernas do Sabarthez foram utilizadas pelos celtas e pelos druidas como lugares de culto. Lá encontramos traços dos maniqueus, dos paulinianos e dos priscilianos, predecessores dos cátaros; aos poucos, formaram-se grupos que se diziam ligados à Gnose e às suas correntes de sabedoria.

A palavra cátaro vem do grego *catharos,* que significa puro. Os cátaros diziam-se simplesmente cristãos e o povo os chamava em Languedoque de *bons homes* e *bonas femnas*. Mas, entre si, eles se nomeavam *amici Dei* ou *amicz de Dieu* ou ainda *crezens* (crentes). O termo "cátaro" foi utilizado pela primeira vez em meados do século XII por um grupo de heréticos de Colônia.[2] Mais tarde, o termo foi empregado principalmente nos escritos oficiais. Foi a Igreja que os denominou de albigenses, dando esse nome a todos os grupos pretensamente hereges da Aquitânia. Essa denominação nada tem a ver com a cidade de Albi no sul da França. Ela foi utilizada pela Igreja e

---
[2] Schönau, Eckbert van. *Sermones contra catharos,* 1163.

pelos franceses do norte para designar os hereges que não eram valdenses e habitavam no sul da França. Na Inglaterra, os heréticos também eram denominados de albigenses.

Tornar-se cátaro não era algo realizado de qualquer maneira, fazendo-se batizar, por exemplo, ou passando por uma prova de admissão na comunidade religiosa. Uma das exigências era uma longa preparação na prática de vida cristã, a exemplo de Jesus.

Os cátaros diziam que um serviço formal, com rituais falsificados e degradados, não é capaz de libertar a alma de sua prisão. Para que essa libertação aconteça, é preciso que o mistério de iniciação cristã do Santo Graal seja revelado graças a um comportamento coerente e integralmente cristão.

Se observarmos um candidato que aspira por esse caminho, poderemos perceber com que seriedade e abnegação os cátaros se consagravam ao processo de transformação interior. O candidato que havia tomado sua decisão renunciava à vida social comum, ao casamento, aos bens terrenos e à ingestão de carne e de vinho. Ele se dedicava à endura, um processo voluntário de neutralização de tudo o que liga à vida terrestre, para permitir que a alma despertasse e crescesse. Esse tempo de preparação durava alguns anos e ocorria nas grutas de Ussat-Ornolac, no vale do Ariège. Algumas grutas tinham função de templos, outras,

7 · Os cátaros no caminho do Santo Graal

de habitações. A entrada dessas habitações era, às vezes, fechada por um muro e uma porta. Essas *spoulgas* (grutas) eram de difícil acesso. Até o século XIII, elas ficavam às margens de um grande lago que se estendia até Tarascon.

O candidato que se decidisse a seguir o caminho do Santo Graal devia primeiro atravessar um muro simbólico. Assim, ele se despedia do mundo terrestre e obtinha acesso ao mundo dos que buscam o Espírito de Deus. Com o auxílio de outros irmãos, ele percorria esse caminho passo a passo.

Os diferentes estágios eram percorridos graças a um programa diário de jejum, de trabalho e de aprendizagem, em absoluto silêncio. Dessa forma, eram-lhe ensinadas a sabedoria dos astros (Astrosofia), a medicina e, principalmente, os mistérios que acompanhavam as diferentes etapas de seu desenvolvimento interior.

Para os cátaros, o caminho do Santo Graal implicava em conhecimentos libertadores e serviços aos outros. Pouco antes de ser iniciado em sua missão, o candidato deveria sofrer uma morte mística simbólica, após um período de quarenta dias de jejum. Ele tinha de passar três dias deitado numa sepultura, na gruta denominada Kepler, para morrer para a natureza terrestre. Assim, sua alma podia alcançar a libertação e, pela imitação de Jesus, pronunciar o *consummatum est:* tudo está consumado. O mistério do Graal está estreitamente ligado a morrer para a natureza terrestre.

Naturalmente, poderíamos tomar como epitáfio a inscrição gravada na taça do Graal que chama o candidato a unir-se à Fraternidade. Mas a endura não tem, efetivamente, nada a ver com a morte do corpo físico ou com qualquer espécie de tortura ou suplício. Na realidade, a endura era — e continua sendo — um processo que rompe todos os laços que mantêm a consciência presa ao passado. Nesse processo, o velho eu entrega-se às forças renovadoras de Cristo para que a alma possa renascer.

Após ter passado três dias na gruta de Kepler, o candidato era despertado pelo irmão que o acompanhava, e saía da tumba. Ele agora podia receber o *consolamentum,* o sacramento da consolação. Sua alma purificada estava ligada ao Espírito de Deus. Esse grande acontecimento passava-se na gruta de Bethléem (Belém). O candidato entrava nessa gruta, que era considerada um templo, pela porta mística.

Lá, encontrava-se um altar, uma pedra de granito coberta por uma toalha de linho branco, sobre a qual havia uma Bíblia aberta na primeira página do Evangelho de João. Num nicho da parede estava colocada a taça do Graal, encoberta por uma cortina. O símbolo do pentagrama, gravado na rocha, era, assim como o altar, de origem druídica. Para receber o *consolamentum,* o candidato devia colocar-se no pentagrama. Com a cabeça erguida e com braços e pernas afastados, ele formava, assim, uma estrela de cinco pontas.

7 · Os cátaros no caminho do Santo Graal

No momento dessa iniciação, o nascimento do Cristo tornava-se uma experiência física. Antonin Gadal, patriarca dos cátaros e guardião de seu tesouro, escreveu: "Nada faria tremer, nada faria desviar-se do bom caminho o homem que Belém transformara! Pessoa alguma no mundo poderia vencer a força misteriosa que ele representava!"[3]

Quando o candidato havia cumprido o caminho iniciático e se tornado perfeito, ele saía do santuário pela porta mística, celebrava um ritual e dava a sua benção aos companheiros. Depois disso, ele percorria o célebre caminho dos cátaros, que existe ainda hoje: da Montanha Sagrada ele se dirigia a Montségur, onde os perfeitos se reuniam antes de caminhar pelo mundo para levar a luz aos seus semelhantes. Montségur tem a forma de um navio e está situado no cume de um rochedo. Esse castelo foi construído num lugar onde se elevara, há muito tempo, um templo dedicado ao sol, e no qual as pessoas da época se ligavam aos mistérios de Zoroastro. Na capela há uma abertura pela qual, no dia de São João, 24 de junho, às onze horas, um raio de sol penetra e ilumina o símbolo do Logos solar na parede oposta (Essa data corresponde ao solstício do verão no hemisfério norte).

Quando, em 1244, o exército da Inquisição forçou os que se refugiavam no castelo a capitular,

---

[3] Gadal, A. *No caminho do Santo Graal*. Jarinu: Editora Rosacruz, 2004, p. 136.

os cátaros tiveram ainda um prazo para terminar sua tarefa espiritual. Na véspera de subir para a fogueira, todos os que queriam defender sua fé receberam, das mãos do grão-mestre Bertrand Marti, o *consolamentum,* para que suas almas se unissem ao Espírito de Deus. O misterioso tesouro dos cátaros foi ocultado nas grutas do vale do Ariège. No dia 16 de maio desse ano, duzentos e cinco homens e mulheres lançaram-se voluntariamente nas chamas da fogueira. Conta a lenda que, enquanto caminhavam em direção à fogueira, de mãos dadas e cantando, um trovador que se encontrava entre a multidão disse: "Após 700 anos o loureiro reflorirá sobre as cinzas dos mártires".

Em 1944 o patriarca da Fraternidade dos cátaros, Antonin Gadal, subiu com sete testemunhas até a montanha de Montségur e cumpriu a profecia do trovador. Assim, verifica-se, mais uma vez, que os buscadores da luz sagrada que representa o Santo Graal podem ser perseguidos, martirizados e mortos, mas que a própria luz jamais pode ser destruída e retorna sempre do lugar de onde surgiu.

Em Albi, os perseguidores dos cátaros construíram uma catedral fortificada para mostrar sua vitória sobre o catarismo. A catedral ainda existe e domina a cidade. Assim foi fechada uma das mais negras páginas da história da Igreja "cristã". Entretanto, o amor do Graal, que tudo perdoa, e a não-combatividade absoluta dos cátaros também deixaram suas marcas. Um processo

7 · Os cátaros no caminho do Santo Graal

tão maravilhoso quanto inesperado ocorreu em Albi, que provocou uma revolução espiritual e deu novo impulso ao caminho de libertação da humanidade.

Não longe de Albi, em 1167, Nicetas, patriarca búlgaro, havia dado à Fraternidade cátara a missão de propagar pela Europa os mistérios da iniciação cristã. Era preciso libertar a humanidade do personagem histórico de Cristo e dos dogmas inerentes, pois são essas representações que sempre a impedem de ter acesso às possibilidades libertadoras que a força cósmica de Cristo propicia: o Graal, preenchido pela luz que pode expulsar todas as trevas das almas humanas. A pessoa que adquire essa compreensão descobre em si uma chaga incurável, e isso a impulsiona a procurar a verdade universal. Ela não cessará de aspirar pelo renascimento de sua alma e já não dará ouvidos aos cantos de seu eu, que apenas deseja garantir a segurança e o poder de seu próprio mundinho. A humanidade deve aprender novamente a fazer essa oferenda que representa o amor ao próximo e viver do santo e maravilhoso alimento dispensado pelo Graal.

Em 1954, no roseiral de Albi, ao lado da catedral-fortaleza do tempo da Inquisição, a luz universal transmitiu à jovem Fraternidade gnóstica da Rosacruz Áurea, representada por Jan van Rijckenborgh e Catharose de Petri, a missão de terminar a obra começada pelos cátaros, completar sua expansão e estendê-la sobre o mundo inteiro. Em seguida, Jan van Rijkenborgh, grão-mestre da Escola da Rosacruz Áurea, recebeu das mãos do senhor Gadal o selo de grão-mestre — o mesmo selo que o patriarca búlgaro Nicetas havia dado à Fraternidade dos cátaros no século XII.

Para tornar essa ligação espiritual visível na matéria foi erigido, em 5 de maio de 1957, em Ussat-les-Bains, no vale do Ariège, um monumento que recebeu o nome de *Galaad*. O nome Galaad ou Galahad aparece com freqüência nas lendas do Graal. Traduzido literalmente ele significa: "o monte do testemunho". Sobre o quadrado do monumento está apoiada a pedra do altar sobre a qual o Perfeito celebrava seu primeiro ritual após sua iniciação na gruta de Belém. Essa pedra foi oferecida como relíquia pelo último patriarca dos cátaros à jovem Fraternidade gnóstica. Esse monumento simboliza os esforços contínuos para libertar a humanidade da sua prisão religiosa, esforços empreendidos pela Aliança da Luz: Graal, Cátaros e Cruz com Rosas.

Indubitavelmente, a gruta de Belém e a catedral de Lombrives, por exemplo, ainda são, hoje, lugares especiais, onde a atmosfera de pureza interior e de disponibilidade a serviço do próximo é sempre perceptível. A catedral de Lombrives tem cerca de oitenta metros de altura. Era lá que os cátaros celebravam seus serviços.

Em 1328 — oitenta e quatro anos após a queda de Montségur — a gruta de Lombrives foi fechada para o mundo exterior, e as 510 pessoas que aí permaneceram morreram de fome. Seus restos foram encontrados bem mais tarde.

Talvez a mensagem do Graal seja transmitida oculta sob imagens pitorescas, porém ela não é um conto de fadas. Trata-se de uma realidade vivente e vibrante, mesmo para nossa época. Entretanto, não podemos descobrir essa realidade mediante exaltação ou investigando o passado. Para ter acesso a essa dimensão, é preciso seguir concretamente o processo da endura, isto é, o abandono dos desejos terrestres e a aspiração à união com o Espírito de Deus, a Gnose Universal.

Segundo a lei hermética, "assim como é em cima, assim é embaixo", o Graal, portanto, tem um aspecto macrocósmico, um aspecto cósmico e um aspecto microcósmico. Seu aspecto macrocósmico é a manifestação universal; seu aspecto cósmico abrange a Terra como morada da humanidade, e seu aspecto microcósmico tem relação com a presença da taça do Graal no próprio homem. Cada ser humano deve realizar esse milagre: reencontrar interiormente essa taça, purificá-la e prepará-la, para nela receber a força santificadora do Espírito!

Essa é a razão pela qual a imagem do Graal vivo toca profundamente a consciência humana: ela revivifica a alma adormecida e prisioneira da matéria. A lembrança dessa realidade, que um dia existiu e que sempre é apresentada à humanidade, impulsiona os seres humanos a buscar Deus. Para a eterna pergunta "Quereis receber o Graal?", somente podemos dar a eterna resposta: "Há apenas uma única condição: desejá-lo santa e profundamente!"

8

Kitezh, símbolo de um cosmo inviolado

O Graal é o símbolo de uma realidade espiritual incompreensível para a consciência comum. Esta, apenas com dificuldade pode tentar aproximar-se dele! Entretanto, desse símbolo emana uma força criadora e dinamizadora, portadora de cura e renovação. Além disso, essa força exerce sua ação sobre a consciência humana e sobre as atividades que dela decorrem; e ela abre a porta a visões intuitivas capazes de esclarecer a consciência comum, chamada normal.

Quando se descreve o Graal, fala-se de taça ou vaso sagrado, de pedra preciosa luminosa, de fogo puro, de música celeste que invade todas as coisas, de força salvadora e santificadora que torna supérfluo qualquer outro alimento, de pura luz da sabedoria e também de uma cidade oculta. A consciência terrestre está impossibilitada de dar a exata definição da realidade espiritual de uma ordem elevada, de rotulá-la. Talvez seja por essa razão que o Graal é um conceito que, em toda parte, toca o homem até o mais íntimo do coração.

Quando não é representado materialmente, ele é considerado um fogo, uma energia espiritual — todas as lendas são unânimes — inacessível aos simples mortais, a menos que estes se tenham preparado especialmente para a prova, seguindo um plano muito claro. Se não for esse o caso, eles seriam, então, simplesmente consumidos por essa energia muito especial e não-terrena.

O Graal cósmico é imperecível. Seus impulsos surgem periodicamente no mundo: às vezes, por meio de símbolos, que representam as linhas de força de sua energia; outras vezes, por intermédio de sua ação libertadora e regeneradora. Os símbolos falam à consciência intuitiva do homem receptivo e o impulsionam a buscar e a agir de maneira lúcida e inédita. Esse comportamento pode fazer nascer um novo tipo de homem, que confiará a conduta de sua vida cotidiana ao princípio interior imortal, fundamento da alma eterna.

Graças a esse poder da alma, ele tem a capacidade de ir conscientemente ao encontro do Graal e colocar-se a seu serviço. Colocar-se a serviço do Graal significa, portanto: conhecer o plano de Deus para o mundo e a humanidade e colaborar com ele. Então, a alma, uma vez purificada, renovada, e com isso tornada imortal, encontra seu lugar na grande e antiga Fraternidade do Graal, que abarca todo o universo.

8 · Kitezh, símbolo de um cosmo inviolado

Sob esse ponto de vista, torna-se um pouco mais claro por que em todas as lendas do Graal reina grande incerteza sobre a natureza e a direção da busca. Onde é preciso procurar o Graal? E qual é o momento propício para pôr-se a caminho? A busca depende de um ponto de partida específico? No início, a busca apenas reflete nossas próprias idéias. Ora, sobre essa base, o Graal não pode ser encontrado, mesmo que nossa imaginação alcance alto grau de refinamento e de idealização. Portanto, não é de espantar que tantos buscadores e Prometeus assaltem o céu e fiquem de mãos vazias, a despeito de seus nobres e corajosos esforços.

Somente é possível encontrar e conservar o Graal se a conduta é plena de dignidade e orientada para uma espécie de cavalaria interior, se tudo foi deixado para trás, se cessam o pensar, o sentir e o agir de acordo com a consciência terrena, se todos esses elementos terrenos estão mortos e um lugar é preparado para a alma vivente eterna.

Existia na Rússia, na época medieval, uma ordem cavalheiresca que aspirava à honra e ao enobrecimento interior. Essa ordem queria servir a Deus, defender a pátria e socorrer os pobres, os doentes e os oprimidos. Nas cortes principescas e mansões dos nobres, a Filosofia, a Astrologia, a Alquimia e a magia eram praticadas da mesma forma que no resto da Europa. Nessa época, a Rússia encontrava-se sob a influência da cultura persa altamente elaborada, onde encontramos os mais antigos traços conhecidos das lendas do Graal. Além dessa fraternidade cavalheiresca, a lenda de Kitezh teve um papel de destaque.

O compositor russo Rimsky-Korsakov escreveu uma ópera que intitulou *A cidade invisível de Kitezh e a virgem Fevrônia*.[4] Essa ópera descreve, de forma mais clara do que as lendas do Graal da Europa ocidental, a preparação necessária para ser admitido numa ordem cavalheiresca.

O autor do libreto, W.J. Belski, criou uma síntese de todos os conceitos que povoam os mitos, contos e lendas russas na qual *A lenda da jovem Fevrônia da cidade de Murom* ocupa o lugar central. *A Crônica de Kitezh* (1251), de Meledin, sobre a edificação da Pequena e da Grande Kitezh em três anos, sobre os 75 anos durante os quais essas duas cidades existiram e sobre a destruição da Pequena Kitezh em 1239, formam o quadro histórico dessa lenda. Em colaboração intensa com Rimsky-Korsakov, W.J. Belski fez-se intérprete da sabedoria popular da alma medieval.

Há pouca ação dramática nessa ópera, o que permite aos artistas, segundo Belski, dar ênfase a todas as emoções. A música poética e lírica de Rimsky-Korsakov dá vida aos sutis estados de alma — exatamente como na ópera *A Flauta Mágica*, de Mozart. Elas traduzem claramente as três fases de evolução da consciência:

---

[4] *Skazanije o nevidimom grade Kitezje i deve Fevronii.*

1. a compreensão concreta, limitada aos fenômenos terrestres cotidianos;
2. a experiência intuitiva e mística da luz que não projeta sombra. No coração do ser que aceita conscientemente a luz, exprime-se a fé autêntica do cristianismo original. É essa a fé que confere a sabedoria;
3. a consciência espiritual, assim como a que despertou em Fevrônia e, após ter ela suportado provas sobre-humanas, a conduz ao campo do progresso espiritual.

Essa pureza interior espiritual coloca Fevrônia em ligação com a luz do Graal e com o domínio do qual a Fraternidade do Graal haure as forças que lhe permitem trabalhar no campo da vida terrestre. Essa ligação é representada, na ópera, pelos pássaros paradisíacos Alkonost e Siren. Eles aparecem cada vez que Fevrônia é submetida a uma prova que produz em sua consciência uma experiência superior.

A Pequena e a Grande Kitezh foram fundadas para ser cidadelas da fé cristã original. Seus habitantes puderam seguir, durante setenta e cinco anos, um caminho místico pessoal em benefício do crescimento da nova alma, a grande finalidade da vida humana.

Na lenda de Kitezh, o príncipe dessa cidade é dotado de profunda consciência religiosa e mística com base na qual exemplificou seus ideais para seu povo. Essa consciência mística uniu todos os habitantes e os levou a desenvolver verdadeiramente uma nova alma, que lhes esclareceu a verdadeira finalidade da vida.

A virgem Fevrônia vive solitária numa floresta vasta e selvagem, na margem do rio Volga oposta à Pequena Kitezh. Fevrônia é a representação da alma natural pura que transmite sua sabedoria. Ela trabalha com ervas terapêuticas e compartilha seu conhecimento livremente com os homens e os animais, compreende intuitivamente os processos que se desenvolvem nas plantas e no reino animal e prodigaliza a seus semelhantes compreensão, compaixão, assistência e amor auxiliador. Os seres vivos da floresta confiam nela. Ela vive em harmonia com eles e compreende, respeita e favorece os processos naturais que abrangem todas essas criaturas.

Fevrônia finalizou uma fase importante de seu desenvolvimento. Ela possui uma alma radiante, a luz da compreensão intuitiva e a mais elevada forma de amor que o homem pode alcançar. Por isso ela é provada e levada a fazer experiências que um eu muito ligado à natureza não poderia suportar. Suas provas começam com um encontro com o príncipe Vsevolod, que se extraviara durante uma caçada e vagueava pela floresta, ferido e cansado, quando se apercebeu de Fevrônia. Ela cantava enquanto procurava plantas medicinais, acompanhada por pássaros, um urso e alguns cabritos. O príncipe ficou espantado e caiu sob o encanto desse quadro: uma criatura perfeita e plena de alma segundo as normas terrestres, nessa floresta selvagem!

Fevrônia olhou o príncipe com grande calma e viu que ele sofria, vítima de seus conflitos interiores. Ela, então, se perguntou como um homem tão nobre, um príncipe, podia querer caçar seus jovens irmãos, os animais, para matá-los. Fevrônia percebeu que ele ainda não descobrira a luz que estava nele. O príncipe era crente, e nada mais. Ele ainda necessitava de ritos e princípios morais para poder seguir seu caminho. Embora tivesse uma grande fé, seu próprio núcleo espiritual ainda não despertara. É por isso que ele apenas agia conforme os preceitos apresentados à sua inteligência. A compreensão intuitiva ainda lhe era desconhecida. Então, Fevrônia dirigiu-se a ele para descobrir se era possível vivificar seus poderes latentes.

Ela saudou Vsevolod com palavras simples que abriram seu coração. O príncipe pediu-lhe pão, mel e água. Esses são os símbolos esotéricos do alimento espiritual.

O príncipe pensou que Fevrônia, com toda a sua simplicidade, era bem superior a qualquer mulher, mesmo a mais culta, da Pequena Kitezh. Ela ocupava seu lugar na criação de forma totalmente harmoniosa e colaborava com a natureza e suas criaturas por toda parte onde podia fazê-lo. É que Cristo está em cada alma humana, compadece-se e participa da vida de cada ser vivente. Fevrônia estava apta a doar ao príncipe sofredor, Vsevolod, a luz que lhe iluminaria a consciência. Ele aceitou seu auxílio com reconhecimento e aprendeu que já não devia considerar os animais e outras criaturas como presas, mas que devia defendê-las e socorrê-las.

Assim que essa mudança interior aconteceu com o príncipe, Fevrônia pôde aceitar seu pedido de casamento. Então, Vsevolod fez sua noiva deixar o mundo que lhe era familiar e levou-a para a vida desconhecida da cidade e de seus habitantes. Fevrônia observava os cidadãos da Pequena Kitezh com espanto e compaixão. A maneira pela qual essas pessoas passavam seu tempo lhe era totalmente estranha. Quando eles perceberam a luz que emanava de Fevrônia, passaram a chamá-la de "A Virgem da Luz".

Assim estimada, ela esforçou-se para que entendessem suas idéias sobre a vida e sobre a verdadeira finalidade da existência. Ela encorajou-os a buscar a si mesmos. Entretanto, apesar de sua humildade, sabedoria, discernimento, compaixão, bondade, verdade e tolerância, apesar de sua alegria, força e retidão, poucos se interessaram por ela. Os habitantes da Pequena Kitezh estavam focados principalmente na vida material, por isso demoraram a compreender. Fevrônia viu claramente os limites dessa vida superficial e percebeu que os habitantes da cidade simplesmente ignoravam seu amor e suas sábias palavras. Considerando que sua mente e sua conduta estavam fechadas a qualquer tentativa de renovação, os habitantes da Pequena Kitezh não conseguiriam escapar de uma transformação violenta.

Os tártaros avançavam para o Oeste e, em sua devastadora campanha através do sul e do centro da Rússia, aproximaram-se da Pequena Kitezh para conquistá-la. A Grande Kitezh deveria sucumbir em seguida. Os habitantes da Pequena Kitezh estavam agora diante de uma escolha decisiva: render-se aos tártaros para tornar-se seus escravos e abjurar sua fé, ou permanecer fiéis, morrendo em combate? No decorrer dessa crise, muitos cidadãos da Pequena Kitezh perceberam a voz interior que lhes dizia para seguir sua intuição, que os impulsionava a combater por sua salvação e pela preservação da Grande Kitezh.

Nesse meio tempo, o príncipe Vsevolod galopava com alguns cavaleiros para a Grande Kitezh a fim de buscar auxílio. Mas os tártaros surgiram mais rápido do que o previsto. No terrível combate, que se desencadeou com violência, todos foram mortos, menos Fevrônia e um bêbado. Ninguém se mostrou disposto a ajudar os tártaros e a indicar-lhes o caminho secreto para a Grande Kitezh.

Entretanto, o bêbado, obscurecido por uma vida de prazeres e já não sabendo o significado da alma e dos valores superiores, agarrou-se à vida material. Logo que caiu nas mãos dos tártaros, incapaz de suportar dores corporais e a fim de salvar a vida, preparou-se para guiá-los até a Grande Kitezh. A bela Fevrônia fazia parte dos despojos de guerra que cabiam ao Khan, príncipe dos tártaros, e tornou-se sua escrava. Cativa, assim como o bêbado, ela rogou a seu companheiro que não se comportasse como Judas, traindo o segredo do caminho para a Grande Kitezh. Ela recolheu-se e orou pela salvação dos habitantes da Grande Kitezh: apenas o fato de se deixarem guiar em sua vida cotidiana pela força da verdadeira fé poderia salvá-los.

Os poderes e forças terrestres — simbolizados pelos tártaros — procuravam ganhar Fevrônia para sua causa, mas ela permaneceu inatacável e invencível. Ela não temia a violência e somente tinha piedade pelo Khan, que estava sedento por mortes e se afogava em álcool.

Então, seguiu-se uma série de acontecimentos dramáticos. O príncipe Vsevolod, com um pequeno grupo de cavaleiros, marchou contra os tártaros. Ele armara-se com o elmo da esperança, o escudo da fé e a espada do Espírito. Esses atributos mostram claramente que ele estava em busca do Graal e lutava contra tudo o que desejasse retê-lo. Ele tornara-se um puro cavaleiro do Graal, pois a lenda relata que foi ao encontro dos tártaros com um espírito de ausência de luta.

Esses aspectos da lenda de Kitezh — encontrados em muitos outros contos do Graal — mostram que se trata aqui de processos interiores de

8 · Kitezh, símbolo de um cosmo inviolado

purificação espiritual a que todo ser humano é convidado.

O príncipe Vsevolod e seus cavaleiros penetraram as fileiras dos tártaros e aí encontraram a morte. Os habitantes da Grande Kitezh e seu rei Yuri suplicaram à Mãe celeste que os envolvesse com forças puras e os protegesse. E o milagre aconteceu: a cidade foi envolvida por uma nuvem de fogo. Os pastores que assistiam a esse prodígio puseram-se a cantar: "Kitezh tornou-se a cabeça e o coração do mundo". A cidade desapareceu no mar de cristal, Swetli Jarr, elevando-se ao céu. Na beira do mar, o exército tártaro foi tomado de indescritível terror e fugiu para os bosques ao redor.

Fevrônia viu que a Grande Kitezh se elevava para uma dimensão superior. Os dois pássaros dos mistérios, agora visíveis, convidaram-na a lançar-se na luz junto com a cidade. Assim, ela alcançou sua finalidade: já não existia morte para ela. Revestida de luz, ela foi acolhida pelos cavaleiros do Graal; depois, foi ao encontro de Vsevolod que, após sua morte no campo de batalha, fora ressuscitado e, como cavaleiro do Graal, era então guiado para a grande meta. Finalmente, Vsevolod e Fevrônia tornaram-se rei e rainha do Graal da Grande Kitezh.

9

O CAMINHO HERMÉTICO
DE INICIAÇÃO DO GRAAL

Até hoje, o cristianismo oficial não prestou atenção especial ao Graal, embora ele seja considerado o cálice usado por Cristo na Santa Ceia. Na linguagem da Occitânia a palavra *grasal* significa vaso de tamanho médio, mas também taça. E a forma feminina *grasalo* é a palavra usada para cálice grande e fundo.

De acordo com uma das lendas, José de Arimatéia colheu o sangue das feridas de Cristo nesse cálice ou taça. Depois da ressurreição, ele foi acusado de ter roubado o corpo, e diz a tradição que foi preso. Então, parece que Jesus deixou o cálice a seus cuidados e o iniciou em alguns mistérios. No ano 70 d.C. ele foi libertado e, com a irmã e a esposa, partiu em um navio. Acredita-se que ele aportou na costa do Languedoque e viajou de lá para a Bretanha, e de lá para a Grã-Bretanha, onde fundou o monastério de Glastonbury, próximo a Avalon. Na Irlanda também há mitos e lendas sobre José de Arimatéia. No final do século XII, o Graal ainda era quase desconhecido, ao passo que dois séculos mais tarde isso havia mudado completamente. Movimentos do Graal ocorreram, e alguns castelos tornaram-se conhecidos como castelos do Graal.

Em tempos antigos, acreditava-se que a terra era coberta por um cálice emborcado. Os deuses usaram esse cálice místico para realizar milagres que lembram os milagres mais recentes do Graal. Assim, os Vedas relatam como o deus Indra apoderou-se do fogo do sol e bebeu o divino soma[5] da lua. Indra é representado com um arpão ou lança com o qual torna fértil a terra seca. Em algumas lendas do Graal, Parsifal porta uma lança com a qual, por ter curado o rei doente, faz rios e riachos fluir outra vez.

Na filosofia grega, o cálice é o divino vaso de mistura no qual a deidade esparge os materiais brutos da vida e os distribui às almas criadas. Platão fala sobre a cratera de Hefesto, uma taça flamejante na qual a luz do sol é misturada. E Hermes Trismegisto escreve no *Corpus Hermeticum:*

"Deus quis, meu filho, que a ligação com o Espírito estivesse dentro do alcance de todas as almas,

---

[5] Entre os hindus védicos, planta cujo sumo, misturado com leite e água, era derramado no fogo sacrificial como libação aos deuses. Como deidade personificada, Soma era o senhor das plantas, curador das doenças e doador de riquezas (N.E.).

como prêmio da corrida. Ele enviou para baixo uma grande cratera cheia de forças do Espírito e um mensageiro para anunciar aos corações dos homens a tarefa: 'Mergulhai nesta cratera, vós almas que podeis fazê-lo; vós que crestes e confiastes em que ascendereis até ele que enviou para baixo este vaso de mistura; vós que sabeis para que objetivo fostes criados'."[6]

Divergente dessa representação do Graal como taça ou vaso de mistura é a pedra Graal de Wolfram von Eschenbach. Ele fala do *lapis elixer,* às vezes também *lapis ex-coelis* (pedra do céu), a pedra do elixir da vida ou a Pedra Filosofal. Isso mostra uma relação com o significado alquímico do Graal. É dito que a palavra "Graal" derivou da palavra *gradalis*. *Gradus* significa passo ou degrau de iniciação. O caminho para o Graal é então a *via gradalis,* um caminho com degraus. Nos antigos mistérios havia sete degraus de iniciação que tinham nomes de planetas. Quem quisesse ser eleito rei do Graal deveria ter passado pelos sete degraus planetários de iniciação. Por isso Kundry, a mensageira do Graal, falou a Parsifal sobre os sete planetas quando o jovem "tolo" foi chamado para essa tarefa.

No final do século XIII, quando o verdadeiro significado do Graal foi caindo em esquecimento, surgiu uma literatura ricamente matizada sobre a

---

[6] Rijckenborgh, J. van. *A arquignosis egípcia*. São Paulo: Lectorium Rosicrucianum, 1986, vol. 2.

Távola Redonda do rei Artur e sobre os símbolos numerológicos da lenda do Graal.

A busca do Graal sempre esteve relacionada com o reino da morte. Quem não conhece a morte jamais será capaz de encontrar o Graal. Antes que possa ir a Trevizent, que vive próximo ao Graal, Parsifal deve lutar com o cavaleiro do Graal. A razão é que ninguém deve aproximar-se tanto do castelo de Montsalvat. Quem for tão audacioso deve enfrentar uma perigosa luta, ou pagar o preço que, fora desta floresta, é chamado morte. E a ligação entre Graal e morte torna-se ainda mais óbvia quando as palavras, surgindo no Graal quando alguém é eleito para a Fraternidade, são citadas como epitáfio. Entretanto, a morte não é vivenciada como um estado definitivo, mas como um portal no caminho para a ressurreição. O Graal abarca todo o processo nesse caminho.

Essa morte — o processo diário sobre o qual escreve Paulo — é a endura dos cátaros, tão ferozmente combatida e completamente incompreendida. Grossos volumes foram escritos sobre esse método "ímpio" de suicídio da fraternidade do sul da França. Contudo, esse chamado método "ímpio" é minuciosamente descrito nos quatro evangelhos. A endura dos cátaros é seguir Jesus no santo processo em que tudo o que é profano no microcosmo é morto.

O ser humano que principia essa endura deve estar convencido, antes de qualquer coisa, de que seu microcosmo não corresponde à lei divina nem está em harmonia com ela. Ele mergulhou, por assim dizer, num sono profundo e deve ser despertado e purificado, santificado.

A Segunda Epístola aos Coríntios confirma isso no capítulo 5: "Porque sabemos que, se a nossa casa terrestre deste tabernáculo se desfizer, temos de Deus um edifício, uma casa não feita por mãos, eterna, nos céus".

Portanto, o método que leva ao renascimento evangélico, à plena ressurreição da natureza original, foi plenamente descrito nos evangelhos para os que querem ler e podem compreender.

Muitos tentaram alcançar a autodemolição, mas todos os seus esforços foram em vão. Isso não é ilógico, porque na verdade o eu que quer se dissolver na verdade se mantém, se fortalece contra todos esses esforços. Por isso o Graal desce até a humanidade para espargir a luz que pode desfazer o eu. Portanto, o eu não faz a endura, mas a Gnose, a luz libertadora e curadora da fonte primordial de toda vida. Ou dito em termos cristãos: Cristo no ser humano.

Quem busca o Graal descobrirá que todos os acontecimentos, pessoas e lugares mencionados nas lendas não estão relacionados a lugares ou figuras históricas, mas são representações alegóricas de aspectos interiores. Negar esse fato já causou muitos equívocos e incompreensão. Não podemos aproximar-nos do mistério do Graal, conforme já foi explicado, por meios e faculdades terrenos. Uma prece cátara diz o seguinte: "Quem ou o que é Deus? Nós, que nos reunimos aqui, permaneçamos silentes. Não digamos seu nome. Permaneçamos silentes, oremos em silêncio. Quem quiser dizer-nos quem ele é deve ser quem ele é."

O microcosmo já foi divino. Pela queda, o estado de separação, outro ser humano que não o original teve de ser construído a fim de tornar o retorno possível. Por isso é necessário que o buscador do Graal tenha suficiente conhecimento das duas naturezas representadas nele: a original, divina, e a não-divina, construída mais tarde. Infelizmente, a aspecto não-divino é dominante e o aspecto divino foi reduzido a um núcleo adormecido. O resultado dessa situação é que tudo o que o ser humano recebe de inspiração divina é posto no nível terreno pela natureza não-divina. É óbvio que essa estrutura não é apropriada para a endura, pois durante a endura o aspecto terreno deve submergir em benefício do aspecto divino.

O verdadeiro buscador sempre recebe as instruções de que necessita em seu caminho para alcançar sua meta, conforme podemos ler no Sermão da Montanha, no qual Jesus diz: "Mas tu, quando orares, entra no teu aposento e, fechando a tua porta, ora a teu Pai, que vê o que está oculto; e teu Pai, que vê o que está oculto, te recompensará" (Mt 6:6).

Isso não nos recorda as instruções que Parsifal recebeu de Trevizent? A oração mencionada indica a realização da unidade entre a cabeça e o coração, que está seriamente perturbada na humanidade terrena. No ser humano desta natureza há um conflito constante entre a cabeça e o coração. Um deles é dominante, e o equilíbrio dificilmente é alcançado, ou o é apenas temporariamente. Por isso falamos sobre seres humanos racionais e emocionais.

Mediante a atividade da cabeça e do coração, os seres humanos são ligados a campos eletromagnéticos. Eles mantêm-se e nutrem-se mutuamente, e com cada pensamento e cada emoção essa ligação torna-se mais forte. Desse modo, os seres humanos constroem sua própria prisão. Os seres humanos pensam de acordo com o campo mental ao qual estão ligados e sentem de acordo com o campo emocional do qual se alimentam. O eu é incapaz de irromper desses ciclos porque desempenha um papel ativo neles e não tem à sua disposição poderes que o coloquem acima deles.

Portanto, é evidente que o eu não pode irromper de seu próprio ciclo com suas próprias forças. Apenas quando acumulou forças que o tiram do equilíbrio pode surgir algum espaço para algo que não pertença a esse ciclo.

A Bíblia chama o que não pertence a este mundo de o reino de Deus, que carne e sangue não podem herdar. O sangue é o símbolo de nossa vida de pensamentos, emoções e ações. Todos os processos da vida expressam-se nele, podem ser identificados nele. Emoções podem ativar as glândulas endócrinas e outros órgãos, pensamentos podem impulsionar o sangue e mudar sua composição. Por isso o buscador do Graal é avisado para que primeiro purifique seu sangue. E ele não deve fazer isso por meio de dietas, tratamentos fitoterápicos, métodos mágicos ou exercícios respiratórios, mas lidando com seus pensamentos e sentimentos. Esse é o início do caminho que leva ao Santo Graal. É o caminho baseado na liberação do princípio divino no microcosmo.

Muitas religiões voltam-se para esse princípio, a semente-Jesus, a jóia no lótus, a pérola no campo, e, na linguagem da Rosacruz Áurea, a centelha-do-espírito. Esse princípio divino reside no coração humano. O Graal é o símbolo da restauração, do despertar e da libertação desse princípio divino, a fim de que ele possa desenvolver-se. Por isso, às vezes é dito que o Graal deve ser erigido no coração. As puras lendas do Graal trazem a mensagem gnóstica em toda sua simplicidade, embora veladas de acordo com a época em que foram contadas. Elas relatam onde e como o Graal pode ser encontrado, como ele deve ser protegido e mantido.

O corpo humano possui quarenta e nove chacras, centros de força rotativos que nutrem os diferentes veículos da personalidade. Os sete maiores, de cima para baixo, são:

1. o chacra coronário, correspondendo à glândula pineal;
2. o chacra frontal, correspondendo à glândula pituitária;
3. o chacra laríngeo, correspondendo à glândula tireóide;
4. o chacra do coração, correspondendo ao timo;
5. o chacra do plexo solar, correspondendo ao sistema fígado-baço;
6. o chacra sacro, correspondendo aos órgãos de reprodução;
7. o chacra básico, correspondendo às pernas, pés e plexo sacral.

Todos esses chacras mais os outros quarenta e dois estão abertos para forças astrais e etéricas e passam-nas imediatamente às glândulas endócrinas, ao sangue e à consciência.

As influências etérico-astrais que não pertencem ao mundo dialético afetam diretamente a consciência, entre outras coisas, de quem está aberto a elas. Então, tem início um processo de renovação, no qual as influências da natureza terrestre são gradualmente eliminadas, de forma que a nova natureza, a nova consciência, o novo homem, possa desenvolver-se.

Essa busca do Graal, embora com diferentes palavras e conceitos, também pode ser encontrada em Hermes Trismegisto no Egito, Lao Tsé na China, Buda na Índia, Zoroastro na Pérsia, Jesus nas regiões ao redor do Mediterrâneo, e Mani na

Mesopotâmia. Em Mani encontramos também a forma primitiva das lendas ocidentais do Graal.

Mani ensinou que em Adão se encontrava uma parte da luz ainda não liberada. É por isso que Adão — a humanidade — é tocado pelo reino da luz para sua regeneração. Entretanto, esse Adão foi criado cego e surdo pela matéria. Inconsciente da luz presente nele, ele está, portanto, profundamente adormecido. Então, aproxima-se seu redentor, chamado Ohrmazd ou Jesus, a radiante luz que o acorda, lhe abre os olhos e o liberta de seus opressores. A luz mostra-lhe a alma-de-luz aprisionada nele e então desvela-lhe sua origem dual: de um lado, o Espírito divino, de outro, o corpo dialético. A luz ilumina Adão com seu conhecimento libertador, a Gnose.

Esse conhecimento antigo permaneceu imutável através dos tempos, mas as imagens usadas para passá-lo adiante são sempre diferentes, a fim de poder tocar a humanidade em cada estágio de sua existência. Quem descobre esse caminho e tem coragem de percorrê-lo certamente encontrará o Graal. No cálice do Graal, que ele então aprenderá a erigir em seu ser, um dia o Espírito de Deus, doador da vida, poderá descer e se ligar à alma renascida. Então Galahad ou Galaad ressuscitará.

10

Inúmeros são os que procuram o Graal no mundo

As lendas bem conhecidas do Graal dão apenas uma pequena idéia da imensa influência da mensagem que transmitiam. Elas apresentavam um caminho espiritual que conservou toda a sua importância para o homem de hoje. A fonte dessa mensagem é a Gnose, a verdade universal, percebida e transmitida sob a forma de uma vida concreta e regeneradora.

A busca do Graal não é, portanto, uma ficção, e muito menos o relato de acontecimentos sobre os quais podemos discutir de modo científico ou filosófico. Trata-se de uma prática de vida adotada de forma autêntica e radical pelo buscador a caminho para a verdade vivente.

Para conceber um pouco a grandiosidade desse impulso, ao mesmo tempo secular e tão atual, esse caminho deve compreender a mensagem libertadora oculta em cada feito heróico dos cavaleiros do passado. Esses acontecimentos apresentam dois aspectos, duas dimensões: por um lado, um aspecto humano transmitido pelas aventuras pitorescas dos cavaleiros; por outro lado, a dimensão divina alcançada após a execução desses atos heróicos. O aspecto humano aparece diretamente na luta contra o orgulho, a tolice e o escândalo da ignorância sobre a vida superior. Esses são os inimigos característicos dos que partem em busca interior pelo Castelo do Graal.

Parsifal consegue vencer seus adversários com o auxílio da força interior que sempre lhe é concedida. Mas, apesar de sua coragem e de sua genialidade, ele ainda não pode encontrar a luz. Ele é levado pela inquietude e pela agitação provocadas por seu desejo pelo Graal. Mas sua vitória sobre o Cavaleiro Vermelho lhe dá o poder de penetrar no castelo do rei Artur. Podemos considerar o Cavaleiro Vermelho como a alma natural, inteiramente devotada à vida terrestre. Para o buscador autêntico, ela é o primeiro obstáculo que ele deve superar se quiser alcançar a vida superior da alma. Sua herança sanguínea, portanto seu caráter e o meio onde vive, são igualmente obstáculos a vencer, o que implica num processo de purificação da alma que se prepara para o encontro com o Espírito.

Esse conflito interior ocorre entre o consciente e o subconsciente. O subconsciente contém, em si, as forças que se desenvolveram quando o homem se separou da ordem divina original. Essas antigas e poderosas concentrações de força continuam a ser mantidas. Elas formam a herança coletiva

10 · Inúmeros são os que procuram o Graal...

da humanidade, toda a sua história. Ao mesmo tempo, formam a herança individual das vidas passadas de cada personalidade, assim como da estrutura da personalidade atual. Esses são os inimigos e os obstáculos que Parsifal deve vencer durante sua busca pelo Graal. Ele não se deixa reter por essas forças. Ele possui a força interior sob a forma de uma espada que se torna cada vez mais forte e cortante à medida que ele progride. Essa espada é uma arma espiritual, o auxílio indispensável para todos que querem acertar contas com os demônios do mundo subterrâneo do subconsciente.

Portanto, para o buscador, o Castelo do Graal não é alguma fortaleza em ruína nos Pirineus. Essas testemunhas do passado podem estimulá-lo fortemente, mas essa não é a finalidade de sua viagem. O Castelo do Graal edificado pelo homem atual é um campo energético regenerador, mantido por uma comunidade de almas que aspiram por crescer e elevar-se. Esse Santo Graal é constituído e sustentado por homens que vivem na terra, que descobriram o Graal por meio de combate e purificação interiores. Esse Graal vivente contém a energia salvadora do Cristo cósmico e derrama-se sobre a humanidade.

Quem entra em contato com essa força a receberá com grande alegria e desejará dar testemunho dela. Mas é preciso também assimilá-la. Essa é a espada com a qual Parsifal combate, o gládio mencionado por Jesus quando disse em Mateus

10:34: "Eu não vim trazer a paz, mas a espada". Essa espada tem o poder, a força, de separar o puro do impuro.

O Parsifal moderno segue o caminho de sua libertação interior no seio de um grupo comparável à Távola Redonda da corte do rei Artur. Essa Távola Redonda, essa comunidade de pessoas com a mesma orientação tem a tarefa de se preparar para formar uma taça, um Graal, um vaso, uma cratera, a fim de aí receber as forças divinas e transmiti-las a todos os que o desejarem.

No mundo há inúmeros buscadores do Graal. Em todos os domínios, todos os campos de pesquisa e em todos os níveis encontram-se seres humanos com essa preocupação, consciente ou não. Enquanto esse processo se desenrola de forma inconsciente, eles contestam mutuamente suas descobertas e combatem em vão o Cavaleiro Vermelho. Mas assim que, como Parsifal, seu desejo interior os leva a voltar-se para o próximo, eles tomam consciência de seu combate, que se transforma, então, em purificação e preparação interior da alma. E por suas palavras, escritos e ações, eles testemunham do auxílio e da consolação que sempre sentem enquanto mantêm o Graal em mira. É que o Graal, que é seu objetivo, já os sustenta e os alimenta há muito tempo.

Enquanto a alma participa das dores e lutas terrestres, é impossível para o buscador distinguir o Graal como o único objetivo de sua vida: seu poder sensorial está danificado demais. Eis porque a antiga estrutura da alma deve ser transformada em uma nova, capaz de ser alimentada pela força regeneradora e, com isso, reagir de maneira correta. Se for esse o caso, o que poderia ainda prejudicá-la? A morte? Ela venceu todos os aspectos da morte — a vida cotidiana inconsciente. Portanto, o Graal é o mistério da alma renovada a caminho para a eternidade.

Eis uma das razões pelas quais os processos do Graal foram descritos, no passado, em linguagem simbólica tão colorida. Os que fizeram essa experiência o compreenderam. Para os outros, eram as maravilhosas histórias que alimentavam seu desejo por uma vida melhor, por uma vida superior.

Os que buscam o Graal devem penetrar em seu foro interior. É lá que começa a viagem e em nenhum outro lugar. O ponto de partida é um grande desejo de penetrar o mistério da transformação da alma. Porque a consolação que emana do Graal dá ao peregrino a alegria de um saber autêntico, crescente, que é designado como Gnose. Bem antes de poder ser um guardião do Graal, o buscador já está ligado a ele; ele experimenta e também sabe que sua busca seguirá um longo caminho, doloroso e, por momentos, precário.

O Graal, como mistério de iniciação, está agora tão vivo como na Idade Média, quando esse conhecimento, por volta do ano 1200, foi traduzido em narrativas pitorescas. Em nossa época, esse mistério é explicado de forma diferente porque é pelo poder mental que a busca começa. Entretanto, o Graal apenas revela seus segredos aos que estão prontos, de todo o coração, a suportar as conseqüências de seu encontro com essa força regeneradora. Quem quer seguir o caminho sempre pode encontrar o Graal, que projeta suas raízes além do tempo e, com uma paciência infinita, chama todas as almas e as leva de volta à vida eterna.

II

Presença do Graal em cada um

Conta a antiqüíssima lenda que o Graal é a taça utilizada por Jesus, o Senhor, na Santa Ceia. Nessa taça José de Arimatéia recolheu o sangue do Crucificado e em seguida tomou o Graal sob sua proteção. Mais tarde, seus sucessores transportaram o Graal para o Ocidente, onde se encontra guardado em local oculto até o presente.

Essa lenda, profanada de todas as maneiras possíveis pelos místicos para especulações emocionais, serviu de tema para diversas obras poéticas na Idade Média. Em sua simplicidade, ela nos dá todos os valores gnósticos de que necessitamos para compreender o que é o Graal, como ele deverá ser edificado e onde poderemos encontrá-lo.

Para penetrar esse mistério, devemos primeiro observar tudo o que já foi considerado na narrativa do Evangelho sobre o envio de Pedro e João para preparar a Ceia. O próprio aluno terá de preparar o Graal para que ele possa, em seguia, ser utilizado por Jesus, o Senhor. Anatomicamente, a taça do Graal é indicada pelos três círculos plexiais já mencionados: o da laringe, o dos pulmões e o do coração.

A parte superior da taça sagrada corresponde ao sistema da laringe, a haste da taça de cristal está erigida nos pulmões, e a base fica na cavidade cardíaca. A possibilidade para a confecção dessa taça nupcial encontra-se, portanto, presente em cada ser humano.[7]

---

[7] Rijckenborgh, J. van e Petri, C. de. *A Gnosis Universal*. São Paulo: Lectorium Rosicrucianum, 1985.

Títulos já publicados da Série Cristal

- 1 **Do castigo da alma**
  Texto atribuído a Hermes Trismegisto, que, com simplicidade e profundidade, convida o leitor a uma reflexão sobre os fundamentos da existência humana.

- 2 **Os animais dos mistérios**
  Este livro instiga o leitor a decifrar símbolos dentro de si mesmo e a vivenciar a verdadeira mensagem das forças latentes da fênix, do pelicano, do unicórnio e de tantos outros animais dos mistérios.

- 3 **O conhecimento que ilumina**
  O Evangelho da Verdade e *O Evangelho de Maria,* dois evangelhos gnósticos com comentários que esclarecem ao leitor o caminho gnóstico.

- 4 **O livro secreto de João**
  Um dos evangelhos apócrifos descobertos em Nag Hammadi, no Egito, com uma introdução explicativa.

- 5 **Gnosis, religião interior**
  A Gnosis, ou Gnose, como revelação dos mistérios, como revolução da alma e como fundamento do novo homem são alguns dos temas que brotam da páginas deste livro como fonte de luz que toca a alma humana.

- 6 **Rosacruzes, ontem e hoje**
  Este livro aborda aspectos históricos da manifestação dos rosacruzes através dos tempos e aspectos clássicos do caminho espiritual proposto pela Rosacruz clássica e pela Rosacruz Moderna.

- 7 JACOB BOEHME · PENSAMENTOS

  Nessa pequena antologia de pensamentos, podemos descobrir algo da essência do pensamento de Jacob Boehme, que nos propõe trilhar um caminho de interiorização e aprofundamento, "pois o comportamento exterior permanece neste mundo, mas o ser humano leva consigo o que está no coração".

- 8 PARACELSO · SUA FILOSOFIA E SUA MEDICINA ATEMPORAIS

  Este livro possibilita adquirir uma visão da obra de Paracelso, alquimista, médico e filósofo, que sempre procurou a verdade das coisas, desmascarando as mentiras e despertando a humanidade para que ela se lembre de sua vocação interior.

IMPRESSO PELA PROL GRÁFICA A PEDIDO DO
LECTORIUM ROSICRUCIANUM EM JULHO DE 2008